Nono Konopka
Lektionen für ein richtig gutes Leben

kailash

Dedicated to all those
who put dreams over comfort.

NONO KONOPKA

LEKTIONEN FÜR EIN RICHTIG GUTES LEBEN

Wie ich auf einem Bike-Trip von Berlin nach Peking den Mut fand, meine Träume zu leben

kailash

Für Max

Es gibt viele Menschen, denen ich dieses Buch mit tiefster Dankbarkeit widmen könnte. Meiner Familie, die mich von Beginn an in meinem Vorhaben bestärkt hat. Insbesondere meiner Mama und meinem Stiefvater, die sogar samt ihren Rädern in den Iran geflogen sind, um einen Abschnitt mit uns mitzufahren. Meinen engsten Freunden, die niemals probiert haben, mir diese Reise auszureden und für mich nach Istanbul geflogen sind, um dort meinen Geburtstag mit mir zu feiern. Meinen vielen Podcast-Gästen, die mir durch ihre verschiedenen Ansichten und Perspektiven auf das Leben die Denkanstöße gegeben haben, die ich brauchte, um dieses Buch überhaupt fertigzustellen. Oder all den Menschen, die uns während der Reise mit ihren Spenden, ihren Nachrichten und ihrer Reichweite in den sozialen Medien geholfen haben. Ohne ihre Unterstützung hätte ich wahrscheinlich noch in Österreich aufgegeben – ihr seid großartig!

Tatsächlich widmen möchte ich dieses Buch allerdings insbesondere einer Person, und das ist Max. Zwar ist die vorliegende Erzählung ausschließlich aus meiner Perspektive geschrieben, verbunden mit meinen Gefühlen und meinen Interpretationen der Reise, aber ohne Max würde hier kein einziges Wort stehen. Denn ohne ihn hätte all das nicht stattgefunden. Von all den Lektionen, die ich während dieser Reise lernen durfte, war wohl die wichtigste zu erfahren, was wahre Freundschaft bedeutet. Denn wenn man mit einem einzigen Menschen neun Monate lang jeden Tag verbringt, über 15 000 Kilometer hinweg gemeinsam auf dem Sattel sitzt und Erlebnisse an beiden Enden des Spektrums – sowohl die schönsten der schönen als auch die schlimmsten der schlimmen – miteinander teilt, dann weiß man, was es heißt, aufeinander zählen zu können.

Um es in deinen Worten zu sagen, Max:
Den Weg bis zu einem Ziel, den geht man am besten mit jemandem gemeinsam. Und ich kann mir keinen anderen Menschen vorstellen, mit dem ich diesen hätte gehen können.

Danke

INHALT

3. Lektion
Es ist nur so lange schwer, bis es einfach wird

Den ersten Schritt wagen:
Warum das zu tun, was einem Angst macht,
meist genau das Richtige ist

Die Zwei-Monats-Regel:
Wie man das umsetzt, was man sich vornimmt

Loslassen will auch geübt sein:
Wann es besser ist aufzugeben

4. Lektion
Richtung ist wichtiger als Geschwindigkeit

Allein zu sein heißt nicht, einsam zu sein:
Wie ich auf einer schnurgeraden Straße gelernt habe,
bei mir zu sein

Aufmerksamkeit ist das wertvollste Gut:
Warum Mönche gute Fahrradreisende wären –
und Fahrradreisende gute Mönche

5. Lektion
Die gleiche Welt mit anderen Augen sehen

Fremde sind Freunde, die man noch nicht kennengelernt hat:
Wie persische Gastfreundschaft uns aus der Wüste rettete

Alles eine Frage der Dankbarkeit:
Was ich im Iran über ein gutes Leben gelernt habe

Vorwort

Jeder von uns macht in seinem Leben ab und zu verrückte Dinge – der eine mehr, der andere weniger. Das mit Abstand Verrückteste, was ich bisher gemacht habe, war, unmittelbar nach meinem Studium 15 000 Kilometer mit dem Fahrrad von Berlin bis nach Peking zu fahren – und das, obwohl ich alles andere als ein großer Fan vom Fahrradfahren bin und völlig untrainiert war. Aber dazu später mehr.

Am 2. September 2018 bin ich in Begleitung eines meiner besten Freunde, Max, vom Berliner Volkspark aus losgefahren – mit nichts außer unseren Rädern und etwas Gepäck. 267 Tage später, am 27. Mai 2019, bin ich mit einem in seine Einzelteile zerlegten und in eine große Transportbox verpackten Fahrrad am Flughafen in Hamburg wieder angekommen. Wir waren durch Deutschland, Tschechien, Österreich, Slowenien, Italien, Kroatien, Bosnien, Albanien, Montenegro, Mazedonien, Griechenland, Türkei, Iran, Turkmenistan, Usbekistan, Kirgisistan, Kasachstan und China gefahren. Wir trafen Braunbären und Wölfe vor unserem Zelt, haben Landminengebiete durchquert, sind bei minus 28 Grad Celsius in der Türkei fast erfroren und bei plus 40 Grad im Iran fast verdurstet. Wir sind über 3000 Meter hohe Berge geradelt, haben tagelang keine anderen Menschen in den Wüsten gesehen, mussten unsere Räder sowohl kilometerweit auf dem Seitenstreifen durch schwarze Tunnel schieben als auch für kurze Zeit auf der Schulter durch reißende Flüsse tragen und haben uns auf fünfspurigen Highways durch Busse, Roller, Autos und Fußgänger geschlängelt. Wir haben in Lehmhütten ohne Strom und fließendes Wasser, in mehrstöckigen Marmorvillen, in Jurten, in Moscheen, in Ruinen und unter freiem Himmel geschlafen.

Mit dem Fahrrad geht es durch die
außergewöhnlichsten Landschaften.
Hier überquere ich eine Bergkette
in Kirgisistan.

Wir haben uns klingelnd den Weg durch endlose Schafherden gebahnt,
sind vor wilden Hunden geflüchtet, haben die Straße mit unzähligen
Wildpferden geteilt und uns Wettrennen mit freilaufenden Kamelen ge-
liefert. Wir haben einen Brief an den König von Turkmenistan geschrieben, haben uns von der Polizei in China schikanieren lassen, sind stundenlang im dunklen Kofferraum von turkmenischen LKWs mitgefahren
und wurden von staatlichen Geheimagenten befragt. Wir haben innerhalb von vier Monaten sowohl das Jahr 1398 als auch das Jahr 2019 ge-
feiert, waren für kurze Zeit mehrfache Millionäre, haben dann wieder
von einem Euro am Tag gelebt und durften sehen, wie Ashton Kutcher
auf Facebook von unserer Reise erzählt. Wir haben Nachrichten von

Tausenden von Menschen bekommen, produzierten einen Film über unsere Reise, der auf Netflix zu sehen ist, hielten TEDx-Talks in verschiedenen Ländern – und haben den Bau von zwei Grundschulen ermöglicht, der das Leben von Hunderten von Kindern verändert hat, so wie unser Leben von ihnen verändert wurde.

Kurzum, wir haben eine unvergessliche Reise unternommen und mehr Dinge erleben dürfen, als die meisten es in ihrem gesamten Leben tun.

Würde ich jetzt aber behaupten, dass es diese außergewöhnlichen Erlebnisse waren, die mein Leben verändert haben, wäre das nur die halbe Wahrheit. Vielmehr war es eigentlich das gewöhnliche und stinklangweilige Geradeausfahren. Hier habe ich die wahre Magie erfahren. Denn auch wenn ich Fahrradfahren noch nie wirklich mochte, muss man dieser Aktivität doch eines zugutehalten: Wenn man lang genug fährt, wird man zwangsläufig sowohl die Welt als auch sich selbst besser verstehen. Das liegt aber nicht an dem uns allen bekannten Sprichwort, dass Reisen den Horizont erweitert, sondern schlicht und einfach daran, dass es wohl keine andere Tätigkeit gibt, die es einem ermöglicht, über einen längeren Zeitraum hinweg gelangweilt zu sein, während man trotzdem gleichzeitig dazu angehalten ist, sich zu konzentrieren. Wir sind teilweise tagelang auf dem Seitenstreifen von viel befahrenen Highways durch öde, graue Landschaften gefahren. Auf der linken Seite sind die großen LKWs an uns vorbeigerast, und auf der rechten Seite erstreckte sich die endlose, eintönige Steppe unter einem tristen Himmel. Was zugegeben zunächst nach dem absoluten Horror klingt, ist eigentlich eine revolutionäre Beschäftigung. Was nämlich passiert, ist, dass man früher oder später anfängt, sich intensiv mit sich selbst zu beschäftigen, sich endlich einmal die Fragen stellt, die man sonst immer aufgeschoben hat, und die Langeweile einen zwangsläufig so kreativ macht, dass man seine bisherigen, festgefahrenen Antworten auf diese wichtigen Fragen noch einmal aus einem neuen Blickwinkel betrachtet. Gleichzeitig erfordern der Straßenverkehr und die körperliche Betätigung eine gewisse Grundaufmerksamkeit, die einen auf der einen Seite nicht zu sehr beansprucht, so dass noch genug mentale Kraft zum Nachdenken übrig bleibt, aber auf der anderen Seite doch noch so hoch ist, dass man nicht ins Tagträumen verfällt.

Dieses endlose Geradeausfahren war es, was mein Leben verändert hat. Es fühlt sich ein bisschen so an, wie Friedrich Nietzsche damals die Vorteile des Spazierengehens erklärt hat – nur dass ich eben auf dem Fahrrad unterwegs war: So heißt es bei ihm, nur die *ergangenen* Gedanken seien wertvoll. Natürlich haben all diese außergewöhnlichen, unvorstellbaren Erlebnisse ihren Teil dazu beigetragen, aber auch nur, weil ich so viel Zeit hatte, mir über das Erlebte Gedanken zu machen und es vernünftig einzuordnen. Viele aufregende Dinge zu erleben ist das eine, etwas ganz anderes ist es, das Gesehene, Gefühlte und Gehörte anschließend zur Genüge zu reflektieren. Findet auch dieser Prozess statt, kann man das Erlebte teilweise unmittelbar in die Beantwortung der Fragen mit einbeziehen, die man sich sowieso immer gestellt hat. Und davon kamen mir viele. Nach dreizehn Jahren Schule und vier Jahren an der Uni hatte ich keine Ahnung, was ich mit meinem Leben anstellen wollte. Ich wusste jetzt zwar, welche Rohstoffe einer elastischen Nachfrage unterstehen, welche Kontrollvariablen ich in der Gauß'schen Normalverteilung anwenden muss und wie ich in fünf verschiedenen Stilen aus wissenschaftlichen Büchern zitieren kann, aber irgendetwas Handfestes und für das wirkliche Leben und für die heutige Welt Wichtiges hatte ich nicht gelernt. Mit einem ausgedruckten Papier in den Händen, auf dem *Bachelor of Science* geschrieben stand, verließ ich die Uni und stand vor einer schier unendlichen Auswahl an Lebenswegen, ohne zu wissen, welcher der richtige für mich wäre.

Ich habe lange überlegt, wie ich das, was ich vor, während und nach meiner Reise gelernt habe, einordnen kann. Sämtliche Angebote, ein Buch zu schreiben, die ich von verschiedenen Verlagen unmittelbar nach meiner Rückkehr bekommen hatte, lehnte ich kategorisch ab, da ich erst einmal warten wollte, bis sich das Erlebte gesetzt hatte. Erst ein knappes Jahr später, nachdem ich in meinem Podcast ebenso wie im Alltag mit vielen Menschen über die Themen, über die ich auf dem Fahrrad nachgedacht hatte, gesprochen habe, ist mir klar geworden, dass es eigentlich um nichts anderes geht, als herauszufinden, was es bedeutet, ein richtig gutes Leben zu führen. Das ist es, was wir alle wollen. Auf dieses Anliegen lässt sich unser tägliches Tun herunterbrechen, und all meine Überlegungen während der Reise finden hierin ihren Ursprung. Aber was ist ein richtig gutes Leben überhaupt? Und wie schafft man es später tatsächlich, von sich behaupten zu können, dass man ein solches geführt hat?

Mir ist bewusst, welch ein großes Privileg es ist, sich ein ganzes Jahr Zeit nehmen zu können, all diese Dinge erleben zu dürfen, und die Möglichkeit wahrzunehmen, sich so ausgiebig mit dieser Frage auseinanderzusetzen. Auch fühle ich mich geehrt, dass ich durch meinen Podcast die Chance erhalten habe, von großartigen Frauen und Männern ihre Ansichten zu den in diesem Buch behandelten Themen zu hören – die dadurch gewonnenen Erkenntnisse haben das Geschriebene maßgeblich beeinflusst.

Beim Zelten oberhalb des Ohrid-
Sees in Mazedonien sind wir kilometerweit die einzigen Menschen.

15

Ich wünschte, jeder hätte ebenfalls die Möglichkeit, im direkten Austausch von den eigenen Idolen zu lernen. Denn wenn ich während des Entstehungsprozesses dieses Buches eine Sache gelernt habe, dann, wie viele Menschen – und eben gerade Studienabsolventen, die in eine neue Lebensphase übertreten – sich genau diese Frage nach dem richtig guten Leben stellen. Die wie ich zu diesem Zeitpunkt nicht wissen, was sie machen wollen, worin sie gut sind, was sie glücklich macht und vor allem, wie sie all das herausfinden können. Daher habe ich dieses Buch geschrieben. Ich möchte von meiner Reise berichten und die Lektionen teilen, die ich während des endlosen Geradeausfahrens und der abrupten Ankunft gelernt habe. Es sind insgesamt zwölf. Zwölf Lektionen, die, wie ich glaube, dabei helfen, ein richtig gutes Leben zu führen. Zwölf Lektionen, die ich so in keiner Vorlesung lernen konnte, sondern die sich mir erst Monat für Monat auf der Reise erschlossen haben. Zwölf Lektionen, für die ich neun Monate lang über 15 000 Kilometer um die halbe Welt geradelt bin und danach noch drei Monate wieder zu Hause Fuß fassen musste. Wenn diese auch nur einem anderen Menschen, an welcher Schwelle seines Lebens er auch stehen mag, helfen können, dann hat sich die viele Arbeit bezahlt gemacht.

Zu guter Letzt noch eine Anmerkung zum Inhalt dieses Buches und wie dieser zu verstehen ist: Die Frage, was genau ein richtig gutes Leben ausmacht, ist höchst subjektiv zu beantworten. Auch wenn ich sowohl durch die abwechslungsreiche Reise als auch durch die vielen Podcast-Gespräche verschiedenste Perspektiven auf die einzelnen im Buch besprochenen Themenbereiche bekommen konnte, erheben die zwölf Lektionen keinen Anspruch auf Vollständigkeit. So kann es sein, dass für die einen oder anderen Leser und Leserinnen gewisse Lektionen weniger Sinn ergeben als andere oder er oder sie gerne noch weitere hinzufügen würde. All das ist völlig legitim und sogar gewünscht – ich freue mich, wenn jeder Einzelne mit dem Buch so arbeitet, wie es für ihn am besten ist. Im Hinblick auf die Lektüre empfehle ich, chronologisch vorzugehen, da ich die einzelnen Erfahrungen anhand meiner Reise schildere, die ebenfalls einen klaren Start- und Endpunkt hatte. Somit erschließen sich meiner Meinung nach die besten Erkenntnisse, und die Zusammenhänge zwischen den einzelnen Lektionen sind deutlicher, als wenn man die Lektionen durcheinander liest.

Dem Leser oder der Leserin wird des Weiteren vielleicht auffallen, dass die Schilderung der Reise nicht immer in der zeitlich richtigen Reihenfolge erfolgt. Das hat den Grund, dass ich meine Erfahrungen nach thematischen Gesichtspunkten angeordnet habe. Die Niederschrift der Lektionen beruht dabei sowohl auf meinen Erinnerungen an die Reise und auf den Notizen meines Tagebuches als auch auf meinen Podcast-Gesprächen und den daraus resultierenden Erkenntnissen. Um diese vielen Einflüsse in einem Werk bündeln zu können, habe ich Situationen und Gespräche innerhalb einzelner Kapitel ergänzt und verdichtet. Um manch beschriebenes absurdes Erlebnis noch mal plausibler zu machen, habe ich für euch einen Zusammenschnitt von Videoaufnahmen der Reise erstellt, die ihr gerne mithilfe des QR-Codes unterhalb des Klappentextes ansehen könnt.

1. Lektion

Alles ist nur eine Entscheidung entfernt (selbst Peking)

Es gibt wohl nichts, was wir so sehr unterschätzen wie unsere Fähigkeit, etwas zu verändern. Wir sind unzufrieden oder haben dieses nicht richtig erklärbare Gefühl, dass das, woraus unser Leben aktuell besteht, doch noch nicht alles sein kann, und machen einfach trotzdem weiter wie zuvor. Dabei ist dies im Grunde völlig irrsinnig. Wir können doch schließlich nicht immer wieder dasselbe tun und dabei ein anderes Ergebnis erwarten. Stattdessen müssen wir uns dazu entscheiden, ehrlich zu uns selbst zu sein, und uns der Frage stellen, ob wir etwas verändern möchten, um endlich ein richtig gutes Leben nach unseren Vorstellungen zu führen. Wenn wir diese Entscheidung fällen, dann ist alles andere um die Ecke … selbst Peking.

Ein Hoch auf die Unzufriedenheit: Wie ich mich dazu entschloss, mein Leben zu verändern

Jetzt hast du dir dieses Buch gekauft, liest gerade einmal die ersten paar Seiten und denkst dir wahrscheinlich bei der Lektüre dieser Zwischenüberschrift: »Was für ein Schwachsinn!« Und du hast natürlich recht: Unzufriedenheit ist sicher das Letzte, was wir uns oder anderen wünschen. Aber was wir meistens vergessen, ist, dass Unzufriedenheit auch eine Chance sein kann. Sie zeigt uns, dass das, was wir für die richtige Wahl hielten, dies eben nicht ist. Wir müssen nur lernen, dieses Gefühl zu erkennen, und dann für uns selbst entscheiden, ob es einer Veränderung bedarf, und diese dann auch wirklich in Taten umsetzen – egal wie schwierig es auf den ersten Blick aussehen mag. Denn unsere Fähigkeit, Entscheidungen zu treffen, ist die einzige Sache, die wir wirklich in der

Max und ich bei unserer Bachelor Graduation – nur wenige Wochen, bevor wir aufbrechen. Ich weiß hier noch nicht, was mich auf dieser Reise alles erwartet.

Hand haben. Die uns im Grunde nie genommen werden kann. Selbst in dem seltenen Fall, dass die äußeren, uns unzufrieden stimmenden Umstände sich unserer Kontrolle entziehen und wir trotz aller Willensstärke nicht die Möglichkeit haben, etwas zu ändern, können wir uns immer noch dafür entscheiden, die Situation anders zu betrachten. Wir entschließen uns zu Taten – oder Haltungen und Einstellungen.

Ich selbst habe noch nie eine größere Unzufriedenheit erlebt als gegen Ende meines Studiums. Dabei lief eigentlich alles so weit nach Plan. Ich hatte sehr gute Noten, wohnte mitten im Herzen von Amsterdam und war kurz davor, bei dem internationalen Unternehmen, in dem ich auch mein Abschlusspraktikum gemacht hatte, einen sehr gut bezahlten, abwechslungsreichen Job zu landen. Das war es, wofür ich die letzten Jahre gelernt hatte, wofür ich mein Geld, meine Zeit und meine Energie aufgebracht hatte und was aus Sicht aller mich umgebenden Menschen der nächste logische Schritt in meinem vielversprechenden Werdegang sein würde.

Doch je mehr Zeit verging und je näher der Tag rückte, an dem ich die Belohnung für meine harte Arbeit der letzten Jahre bekommen sollte, desto unsicherer wurde ich, ob ich diese überhaupt haben wollte. Ich mochte zwar sowohl meine Kollegen als auch die Vorstellung, kein Student mehr zu sein und endlich mein eigenes Geld zu verdienen, aber die anfängliche Vorfreude war mit der Zeit einem eher unguten Bauchgefühl gewichen. Auch wenn ich es in dem Moment noch nicht genau deuten konnte, regte sich in mir immer mehr das Verlangen danach, etwas zu tun, was Menschen wirklich hilft, anstatt nur ein kleines Zahnrad im Getriebe eines großen Unternehmens zu sein, das nach nichts anderem als wirtschaftlichem Profit um jeden Preis strebt. Ich wollte irgendetwas Sinnstiftendes tun und nicht einfach nur arbeiten, um Geld zu verdienen, mit dem ich dann wiederum meine Rechnungen bezahle. Das klang für mich nicht nach einem richtig guten Leben, so wie ich es mir vorstellte.

Langsam fing ich an, meine Bedenken mit meinen Freunden zu teilen, und merkte dabei, dass ich zwar nicht der Einzige war, der so dachte, aber dennoch bei vielen auf großes Unverständnis stoß. Je öfter mir andere allerdings sagten, wie glücklich ich mich doch schätzen könne, eine solch großartige Jobmöglichkeit geboten zu bekommen, desto mehr zweifelte ich und desto vehementer versuchte ich mir einzureden, dass es die richtige Entscheidung sei. Es war eine dieser typischen Situationen, in denen man probiert, mit dem Verstand das unzufriedene

Bauchgefühl verstummen zu lassen. Heute weiß ich, dass wir immer selbst anhand von unserem persönlichen Empfinden – was man meist nicht rational erklären kann – erkennen müssen, was uns erfüllt. Stattdessen gehen wir häufig davon aus, dass das, was allgemein als erfüllend gilt, auch für uns eine Erfüllung bedeutet. Das, was viele wollen, wollen eben oft nur viele, weil viele es wollen.

Ich verfuhr noch einige Zeit so weiter und hoffte stets, dass es nur eine Phase war, die sich bald wieder legen würde, aber irgendwann machte die Unzufriedenheit sich auch außerhalb der Arbeit bemerkbar. Für mich zeigte sich das vor allem dadurch, dass ich zunehmend nachdenklicher und unachtsamer wurde. Immer öfter schweiften meine Gedanken ab, und da ich einen großen Teil meiner kognitiven Kapazitäten dafür verschwendete, mich mit meiner eigenen Unzufriedenheit auseinanderzusetzen, wenn es mir nicht gerade gelang, diese ins Unterbewusstsein zu verdrängen, konnte ich mich immer schlechter für längere Zeit am Stück konzentrieren. Als mir irgendwann auffiel, wie häufig ich gedanklich an anderen Orten verweilte und somit das Hier und Jetzt verpasste, beschloss ich, so schnell wie möglich die Reißleine zu ziehen. Ohne zu wissen, was ich stattdessen machen wollte, sprach ich in der folgenden Woche mit meinem Boss und erklärte ihm, dass ich zwar nicht genau wüsste, was ich vorhatte, aber dass ich nach dem Praktikum aufhören würde, anstatt wie geplant im Unternehmen zu bleiben. Ich kann mich noch ganz genau daran erinnern, wie viel Angst ich sowohl vor der Ungewissheit als auch vor dem bevorstehenden Gespräch hatte. Die Nacht zuvor lag ich wach, drehte mich von der einen Seite zur anderen und malte mir alle nur erdenklichen Szenarien aus, was wohl passieren würde und mit welchen Reaktionen ich zu rechnen hätte. Aber wie meistens im Leben findet die größte Angst unbegründet in unseren Köpfen statt, und tatsächlich sind Menschen zum größten Teil

»Wenn du denkst, Abenteuer
seien gefährlich, versuch es mal
mit Routine. Die ist tödlich.«
(Paulo Coelho)

einsichtig, wenn wir unsere eigenen Entscheidungen treffen. Mein Boss hörte sich alles verständnisvoll an, nickte immer wieder und bat mich, meinen Entschluss noch einmal zu überdenken. Dabei gab er mir einen Ratschlag mit, an den ich gerne zurückdenke und der mir bis heute als sehr wertvoll erscheint. »Ich verstehe dich voll und ganz, und wenn dein Gefühl dir sagt, dass du etwas anderes machen solltest, dann will ich dir überhaupt nicht im Weg stehen. Wenn du aber gehst, weil es hier und da kleine Aufgaben gibt, die dir keinen Spaß machen, und du denkst, dass um die nächste Ecke vielleicht der eine Traumjob wartet, in dem du ausschließlich Dinge tust, auf die du Lust hast, dann lass dir gesagt sein, dass es den nicht gibt. Dein Beruf wird dich nie ganz zufrieden machen, wenn du willst, dass alles immer und zu jedem Zeitpunkt Spaß macht. Das ist das Einzige, was ich dir mit auf den Weg geben will.«

Ich nahm mir seine Worte zu Herzen, dachte noch einmal drei Tage über unser Gespräch nach und kam dann zu dem Schluss, dass dies nicht der Grund für meine Unzufriedenheit war. Mein Gefühl sagte mir, dass diese Stelle einfach nichts für mich war, und darauf vertraute ich. Einige Tage später ging ich also noch einmal zu ihm und teilte ihm mit, dass ich tatsächlich aufhören würde. In dem Moment hatte ich mich dafür entschieden zu akzeptieren, dass das, was ich über die letzten Jahre gedacht hatte zu wollen, wohl entweder nicht der Wahrheit entsprach oder sich geändert hatte. Ich entschloss mich lieber, einen Schritt ins

Ungewisse zu machen, um herauszufinden, was ein richtig gutes Leben für mich bedeutete, anstatt zu hoffen, dass sich einfach von selbst irgendetwas verändern würde. Das war wohl die beste Entscheidung, die ich je getroffen habe – obwohl es zugleich auch die schwierigste war.

Hatte ich Angst davor, nicht zu wissen, wie es weitergehen würde? Natürlich. Ich hatte eine Riesenangst. Ich stand kurz vor dem Abschluss meines Studiums, hatte gerade alles, was mir Sicherheit versprach, aufgegeben, und stand nun da ohne auch nur den Hauch einer Ahnung, was ich als Nächstes machen würde. Täglich sah ich auf LinkedIn, wie andere Studierende aus meinem Jahrgang stolz ihre neuen Positionen posteten, und fühlte mich immer wieder verunsichert, ob das, was ich getan hatte, wirklich die richtige Entscheidung war. Ich konnte noch so viele Motivationssprüche lesen, die mir sagen wollten, dass es nichts bringen würde, sich mit anderen zu vergleichen – ich tat es trotzdem. Was ich dabei natürlich nicht bedachte, war, dass ich mein Inneres – meine Gefühle, Gedanken und Zweifel – dem äußerlichen Leben anderer – deren Social-Media-Updates, Fotos und Highlights – gegenüberstellte. Ich verglich mein Behind-the-Scenes mit den Highlights anderer. Viele dieser vermeintlich stolzen Berufseinsteiger hatten vielleicht mit genau den gleichen Unsicherheiten zu kämpfen wie ich. Schließlich war auch ich zu stolz, um offen darüber zu reden, wie verloren ich mich fühlte und wie wenig ich wusste, was genau ich denn eigentlich wollte. Warum sollte es vielen anderen nicht genauso gehen, und es weiß nur keiner davon, weil niemand darüber spricht – weshalb folglich jeder denkt, er wäre allein mit diesem Problem?

Durch die sehr persönlichen und ehrlichen Interviews in meinem Podcast und durch die vielen Gespräche mit Freunden, Familie und mir völlig fremden Hörern, die durch die veröffentlichten Episoden losgetreten wurden, weiß ich nun, dass es den meisten Studierenden ähnlich ergeht. Nur die wenigsten wissen gegen Ende ihres Studiums genau, wer sie eigentlich sind oder was sie vom Leben wollen. Wie sollen sie auch? Jahrelang lernen wir in der Schule und in der Uni, wie wir uns anhand von vorgegebenen Zielen und Strukturen weiterentwickeln, anstatt uns auch nur einmal ernsthaft damit zu beschäftigen, in welche Richtung wir uns denn eigentlich selbst entwickeln wollen. Und so geht es natürlich nicht nur Studierenden. Wenn man diesen Situationen der Ungewissheit aus dem Weg zu gehen versucht und seine Unzufriedenheit verdrängt, begegnet sie uns früher oder später in anderen Situationen unseres Lebens aufs Neue. Schlagen wir einfach direkt den erstbesten und oft vermeintlich einfachsten Weg ein, lernen wir vielleicht nie, was wir wirklich wollen und wo unsere eigentliche Leidenschaft liegt. Und dieser Irrtum holt uns mit ziemlicher Sicherheit ein – ob wir es wollen oder nicht. Meistens sind es aber eben genau diese Umbruchphasen wie das Ende eines Studiums und der Übergang in eine neue biografische Etappe, wo ehrliche Entscheidungen sowohl am schwierigsten als auch am wichtigsten sind.

Richtige Zeit, richtiger Ort, richtiger Input: Wie eine Podcast-Folge und ein Abend in der Pizzeria mir den finalen Anstoß gaben

Ich glaube eigentlich nicht an Schicksal. Ich muss aber zugeben, dass man es jetzt im Nachhinein so auslegen könnte, als hätte das Gespräch, das ich ein paar Wochen nach meiner Kündigung geführt habe, aus einem vorherbestimmten Grund genau zu diesem Zeitpunkt stattgefunden. Ich hatte einer Freundin, die ich damals in meinem Auslandssemester in Mexiko kennengelernt hatte und mit der ich später noch nach Guatemala gereist war, geschrieben, um ihr beim Pizzaessen von meiner brandneuen Idee zu erzählen: Ich hatte es mir in den Kopf gesetzt, eine Hilfsorganisation zu gründen. Da sie viele Erfahrungen im sozialen Bereich hatte, wollte ich unbedingt zuerst einmal ihren Rat erfragen.

Der Einfall, etwas in diese Richtung zu unternehmen, kam mir einige Tage zuvor beim Hören meines Lieblingspodcasts. Lewis Howes, ein berühmter Unternehmer aus Amerika, war über die letzten Jahre hinweg so etwas wie mein Mentor geworden. Zwar wusste er nichts von mir, aber immer, wenn ich Fragen hatte, die ich niemandem zu stellen wusste, hörte ich eine seiner Podcast-Episoden und fand hier oft wichtige Antworten. So eben auch damals in Amsterdam, als ich wieder einmal einen ganzen Abend damit verbrachte, das Internet vergeblich nach einem anderen, passenderen Jobeinstieg zu durchforsten.

»Es kann doch nicht so schwer sein, etwas zu finden, das man als gut ausgebildeter Management-Student mit Erfahrung im Marketing machen kann, das sinnvoller ist, als von morgens bis abends vor dem Computerbildschirm zu sitzen und Produkte in Online-Kampagnen zu bewerben«, dachte ich frustriert, klappte meinen Laptop zu und zog meine Laufschuhe an. Während meiner abendlichen Runde durch den nahe gelegenen Park hörte ich zu, wie Lewis in der neuesten Podcast-Folge von seiner eigenen, inspirierenden Geschichte erzählte. Wie er, nachdem sein großer Traum vom Profisportler platzte, sich ziemlich verloren in dieser Welt fühlte, da er nicht wusste, was er stattdessen machte wollte.

Ich habe heute noch genau seine Worte im Kopf, wie er beschrieb, dass sich erst alles für ihn änderte, als er anfing, sich nicht mehr an ausgeschriebene Positionen und Anforderungen anzupassen, sondern stattdessen dazu stand, wie er war und was er wollte. Als er dann immer noch nichts Passendes fand, wusste er, dass die einzige verbleibende Möglichkeit, etwas ihn wirklich Erfüllendes zu tun, darin bestand, etwas Eigenes zu erschaffen. Instinktiv wusste ich beim Hören, dass dies bei mir ähnlich war. Alles, was ich wollte, war, mit meinen Marketing-Kenntnissen wirklich etwas zu bewegen und Menschen zu helfen, aber so weit das Auge reichte, eröffnete sich mir keine Möglichkeit, wie ich das anstellen könnte. Erst mit dem Einfall einer eigenen Hilfsorganisation zeichnete sich etwas ab, nach dem es sich für mich wirklich zu streben lohnte. Daher wollte ich diese Idee auch so dringend mit jemandem besprechen.

Wie wichtig dieses Treffen aber tatsächlich für meinen weiteren Weg und wahrscheinlich für mein ganzes Leben war, habe ich erst lange nach der Rückkehr von meiner Reise, beim Schreiben dieses Buches verstanden. Wäre ich an jenem entscheidenden Abend allein zu Hause geblieben, würde ich wahrscheinlich noch heute darüber nachdenken, wo genau ich beginnen sollte und wie sich mein Vorhaben mit Aussicht auf Erfolg realisieren ließe. Vermutlich hätte ich so viel Zeit und Energie in jedes kleine Detail der Planung gesteckt, dass ich nie wirklich dazu gekommen wäre, es umzusetzen. So aber habe ich, während ich über ein Stück Pizza gebeugt saß, verstanden, dass ich mit dem eifrigen Vorhaben, eine Hilfsorganisation zu gründen, in der falschen Reihenfolge gedacht hatte.

Erst das Warum, dann das Wie und dann das Was: Weshalb Motive wichtiger sind als das Vorhaben

Tess, so heißt meine Freundin, ist definitiv einer der unverblümtesten und ehrlichsten Menschen, die ich je in meinem Leben kennenlernen durfte. Wahrscheinlich war dies auch ein Grund dafür, dass ich intuitiv sie im Kopf hatte, als ich zum ersten Mal darüber nachdachte, jemanden in meine Überlegungen einzuweihen und diese mit der Person zu erörtern. Ich wusste, dass sie mir einen ehrlichen Spiegel vorhalten und mein Vorhaben hinterfragen würde, anstatt einfach zuzustimmen, dass es eine gute Idee sei. Bei so weitreichenden Entscheidungen kann man nun wirklich niemanden gebrauchen, der aus reiner Nettigkeit alles abnickt, was man sagt, sondern eher jemanden, der sich traut, ganz offen zu sagen, was seines Erachtens nicht funktionieren würde. Und das tat Tess auch.

Ich erzählte ihr also von meinem Plan, eine Hilfsorganisation ins Leben zu rufen, die via Social Media Spenden von Followern sammeln sollte. Über Influencer und andere Menschen mit großer Reichweite auf Kanälen wie Instagram würde man mediale Aufmerksamkeit auf unterstützenswerte Projekte lenken und denjenigen eine Stimme geben, die sonst keine Chance haben, sich öffentlich Gehör zu verschaffen. So der Plan. Vor ein paar Monaten hatte ich ein Buch über einen Amerikaner gelesen, der die Organisation *Pencils of Promise* gegründet hatte, und erzählte ihr, dass ich diese mit den gesammelten Spenden gerne unterstützen würde, weil sie auch in Guatemala tätig sei und vor Ort Schulen baute und Lehrer ausbildete. Auch wenn ich gerade genug von Lehrplänen, Dozenten und veralteten Schulsystemen hatte, wusste ich doch, dass eine gute Bildung die Grundlage für den weiteren Lebensweg ist – vor allem in Entwicklungsländern wie Guatemala. Da Tess mit mir dort gewesen war und um das erschreckend schlechte Bildungssystem vor Ort wusste, war dies das schlagende Argument, das ich mir überlegt hatte, um sie von meiner Idee zu überzeugen.

Nachdem ich meine Ausführung beendet hatte und sie erwartungsvoll anblickte, sagte Tess in ihrer direkten Art: »Also zunächst einmal kann ich dir sagen, dass mir deine Idee natürlich gefällt. Wir haben ja beide auf unserer Reise gesehen, wie es um den Bildungsstandard in den ländlichen Regionen Guatemalas bestellt ist, und ich sehe durchaus, wie wichtig es für die Menschen dort ist, Unterstützung zu erhalten. Allerdings habe ich Bedenken, dass du, wie du aktuell an die Sache herangehst, in die falsche Richtung gedacht hast. So wie es sich für mich anhört, hast du das Pferd von hinten aufgezäumt!«
Tess lachte über meinen verwirrten Gesichtsausdruck und fuhr fort, bevor ich hätte antworten können, dass ich keinen Schimmer hatte, wovon sie sprach: »Schau mal, du hast mir genau erklärt, was für eine Art von Hilfsorganisation du ins Leben rufen willst, und bist sogar ziemlich detailliert darauf eingegangen, wie du mithilfe von Social Media Spenden sammeln möchtest. Aber du erwähnst nicht, *warum* du das Ganze machen möchtest und was dich bei der Sache antreibt – viel eher hast du über die bürokratischen Hindernisse, den anstehenden Papierkram und die ganzen Richtlinien für Hilfsorganisationen gesprochen. Ich muss da an Simon Sinek denken, den bekannten Soziologen, den ich sehr bewundere und der immer sagt, dass wir alle wissen, *was* wir tun. Sprich, wir wissen, welchen Job wir haben und was wir dort eben Tag für Tag tun. Einige von uns wissen dann auch noch ziemlich genau, wie wir das, was wir dort tun, bestmöglich machen – also *wie* wir es tun. Zu

guter Letzt ist da aber noch die Frage, *warum* wir tun, was wir tun. Was ist der Grund dafür, dass wir täglich aufstehen, arbeiten und sogar leben? Wer das weiß und wirklich eine Antwort darauf hat, die darüber hinausgeht, dass wir eben alle unsere Rechnungen bezahlen und etwas zu essen kaufen müssen, der hat eine ganz andere Freude an dem, was er macht, wird automatisch mehr Zeit in seine Arbeit investieren, ein viel größeres Durchhaltevermögen an den Tag legen und seine Ziele erreichen. Die Menschen, die ihr persönliches Warum kennen, haben quasi ihre Bestimmung gefunden. Verstehst du, was ich meine?«

Ich nickte, und Tess fügte hinzu: »Wenn ich es bei dir richtig verstanden habe, willst du etwas Gutes tun und Menschen inspirieren mitzumachen. Das wäre in dem Fall dein inneres Warum. Es kommt aus deinem Inneren, aus deinen Werten, Überzeugungen und Träumen. Du aber hast kaum darüber gesprochen und mir mehr von Äußerlichkeiten erzählt. Das ist auch einfacher zu beschreiben, weil es so greifbar ist. Es sind konkrete Handlungen und Ziele, während der Grund eher ein Gefühl ist. Aber genau darum geht es mir: Ich glaube, du solltest noch einmal über den Grund, warum du das alles machen willst, nachdenken und dann erst über alles andere. Quasi gedanklich von innen nach außen vorgehen. Vielleicht ergibt sich dann sogar etwas ganz anderes als das Vorhaben mit der Hilfsorganisation.«

Das, was Tess mir in der Pizzeria kurz in ein paar Sätzen erklärt hat, ist, glaube ich, der Grund dafür, dass fast keine der phänomenalen Ideen, die wir alle tagtäglich haben, in die Tat umgesetzt werden. Ähnlich wie ich damals in Amsterdam zerbrechen sich die meisten Menschen gleich zu Beginn, wenn sie einen Einfall haben, immer zu sehr den Kopf darüber, wie genau sie vorgehen müssen und was das Endergebnis sein soll. Egal, ob vor einer Firmengründung, einem neuen Buch oder sogar vor dem Starten eines YouTube-Kanals oder eines Podcasts, wir haben stets das Gefühl, nicht bereit zu sein, nicht qualifiziert genug zu sein und nicht genug zu wissen, um endlich anzufangen. Daher lassen wir Tage, Wochen und Monate ins Land gehen und versuchen, jeden kleinen Schritt zu planen, in der Hoffnung, irgendwann Gewissheit und Sicherheit zu haben, dass das, was wir machen möchten, später auch funktionieren wird. Das Problem hierbei ist aber, dass wir uns nie bereit fühlen werden. Da Motivation aber großenteils dadurch bestehen bleibt, dass man Ergebnisse sieht und durch das Machen statt durch das schiere Planen besser in irgendwas wird, verlieren wir über die Zeit so den Glauben an unsere Ideen, bis wir sie völlig fallen lassen.

Natürlich ist es nicht wahr zu behaupten, dass man über Ideen nicht rational nachdenken sollte. Aber das will ich damit auch nicht sagen beziehungsweise hat Tess damals auch nicht gemeint. Vielmehr ist die Aussage die, wie wichtig es ist, sich nicht die Frage zu stellen, was die Welt braucht, sondern eher, was wir selbst brauchen, um uns lebendig zu fühlen. Denn was die Welt wahrscheinlich am allerehesten braucht, sind viele leidenschaftliche Menschen, die das tun, was sie sich lebendig fühlen lässt. Wenn wir also eine Idee haben, die uns so sinnvoll und einnehmend erscheint, dass sie uns nicht mehr loslässt, dann empfiehlt es sich, so schnell wie nur irgendwie möglich anzufangen und möglichst vielen Menschen davon zu erzählen, um dazuzulernen und die Idee weiterzuentwickeln. Und wenn wir mit unserer Begeisterung anstecken wollen, dann sollten wir es anders machen als ich in der Pizzeria. Wir Menschen sind emotionale Wesen. Wir lassen uns von packenden Geschichten und authentischen Beweggründen mitreißen. Wir lassen uns weniger davon überzeugen, *was* genau andere tun, sondern immer eher davon, *warum* sie es tun. Anstatt über Fakten und genaue Pläne zu sprechen – in meinem Fall über die Idee einer Hilfsorganisation –, sollten wir im ersten Schritt erst einmal unsere innersten Beweggründe und Überzeugungen für diese Idee darlegen. Pläne ändern sich, Überzeugungen und Werte nicht. Daher sollten wir viel öfter einfach aus dem Bauch heraus Dinge tun, also den inneren Motiven zur äußerlichen Gestalt einer Idee folgen. Selbst wenn wir noch keine Ahnung haben, wie genau wir alles umsetzen werden – wenn wir wissen, warum wir tun, was wir tun, werden wir genug Motivation und Durchhaltevermögen aufbringen, dies herauszufinden.

Das Pizzaessen mit Tess war eines der wichtigsten Puzzleteile für alles, was danach passieren sollte. Durch sie habe ich verstanden, dass wir mehr lernen, wenn wir etwas auch nur einen einzigen Tag lang ausprobieren, als wenn wir ein Jahr lang über eine Option nachdenken. Ob es nun Schicksal war oder nicht – wenn ich mich nicht mit ihr getroffen hätte, wäre ich wahrscheinlich zu beschäftigt gewesen, darüber nachzudenken, wie genau ich nun eine Hilfsorganisation gründe, anstatt zu sehen, dass es noch ganz andere Wege gibt, Menschen zu helfen und andere zu inspirieren.

The road less travelled:
Wie ein Filmabend alles Weitere
entschieden hat

Wenn mir jemand an dem Tag in der Pizzeria gesagt hätte, dass ich mich nur zwei Wochen später dazu entscheiden würde, mit dem Fahrrad bis nach Peking zu fahren, hätte ich die Person für völlig verrückt erklärt. Es wäre so ziemlich das Absurdeste gewesen, was ich mir hätte ausdenken können. Ja, mehr noch, ich hätte es mir gar nicht erst vorstellen können, da mir dieser Weg schlichtweg völlig unmöglich erschien. Es ist ja so, dass wir im Grunde nur die Möglichkeiten für uns sehen, von denen wir wissen, dass es sie gibt. Und da alle meine Freunde um mich herum den üblichen, vorhergesehenen Weg in das nächste Studium oder in den ersten Job in irgendeiner Agentur einschlugen, lag für mich eine Fahrradtour nach Peking ganz sicher nicht innerhalb des Vorstellbaren. Noch nie hatte ich von jemandem gehört, der etwas Ähnliches getan hatte.

Was wir in solchen Situationen brauchen, in denen wir etwas anderes machen wollen, aber noch nicht einmal wissen, was das sein könnte, ist ein neuartiger Denkanstoß von irgendwoher. Ich stelle mir das Ganze so vor, dass, wenn die offensichtlich vor uns liegenden Möglichkeiten nicht funktionieren, wir jemanden brauchen, der wie ein Verkehrspolizist unsere Gedanken auf eine andere Straße umleitet. Dass dies oft dann passiert, wenn wir am wenigsten damit rechnen, habe ich genau zwei Wochen nach meinem Gespräch mit Tess selbst erfahren.

Nachdem ich die Idee mit der Hilfsorganisation fürs Erste ziemlich entmutigt beiseitegeschoben hatte und mich die letzten Tage lustlos weiter zu meinem längst gekündigten Job schleppte, wollte ich am Wochenende einfach nur mit meinem besten Freund Max eine entspannte Zeit verbringen. Ich fuhr also direkt nach der Arbeit am Freitag zu ihm, wo wir uns Essen liefern lassen, die Füße hochlegen und YouTube-Videos in Dauerschleife schauen wollten. Mir war nach nichts anderem zumute, und Max, der an dem Tag auch nicht sonderlich gut drauf war, hatte nichts dagegen einzuwenden, es sich einfach drinnen vor dem Fernseher gemütlich zu machen. Zu fortgeschrittener Stunde schalteten wir auf eine kurze Naturdokumentation um und einigten uns darauf, alle YouTube-Videos des National-Geographic-Kanals in zufälliger

Manchmal braucht es nur
einen Gedanken von irgendwoher, der alles verändert.
Ohne diesen Freitagabend
wäre ich niemals an den
Küsten Kroatiens entlang-
geradelt.

Wiedergabe durchlaufen zu lassen. Manchmal denke ich heute darüber nach, wie die letzten Jahre wohl verlaufen wäre, wenn wir nicht umgeschaltet hätten. Oder wenn wir bei den Dokumentationen schon früher eingeschlafen wären. Wahrscheinlich wären Max und ich dann nie nach Peking gefahren. Zumindest wüsste ich nicht, wie wir sonst auf diese Idee hätten kommen sollen.

Der dritte zufällige Kurzfilm, der auf dem National-Geographic-Kanal lief, war nämlich ein zehn Minuten langes Video über einen Amerikaner, der mit dem Fahrrad von Oregon nach Patagonien fuhr. Unterstrichen mit eindrucksvollen Bildern von Land und Leuten berichtete der Reisende von seinen Erlebnissen und wie das langsame Fahrradfahren seine Perspektive auf Dinge verändert habe. Für mich war dies der Denkanstoß, den ich brauchte, doch ich hätte nie damit gerechnet, ihn hier zu finden. Ausgerechnet in einem Video, das vom Fahrradfahren handelt – eine Aktivität, der ich schon in Kindertagen nie wirklich viel abgewinnen konnte. Während meine Freunde nämlich mit ihren Eltern spazieren gehen mussten, sollte ich als Kind stets mit meiner Mutter kleine Fahrradtouren unternehmen. Da ich nie Lust dazu hatte mitzukommen, es aber trotzdem machen musste, hatte ich mit der Zeit einen Widerwillen gegen das Fahrradfahren entwickelt. Während meiner gesamten Studienzeit hatten sich meine Kommilitonen darüber lustig gemacht, dass ich lieber eine halbe Stunde zur Uni gelaufen bin, anstatt mich für ein paar Minuten aufs Fahrrad zu setzen. Meine Abneigung hatte sich bis dahin durchgezogen.

Daher war ich über meine eigenen Worte erstaunt, als ich das Video in der Mitte stoppte und zu Max sagte: »Lass uns doch auch eine Fahrradreise machen. Wir machen es dann für einen guten Zweck – wie diese ganzen Menschen, die für Spenden Marathons laufen oder andere verrückte Sachen machen.«

Er schaute mich an, lachte und fragte, wo wir denn hinfahren sollten. Diesmal konnte ich noch weniger glauben, was aus meinem Mund kam: »Wir können ja bis nach Peking fahren. Weiter weg geht, glaube ich, nicht.«

**An alle,
die gerade nicht
weiterwissen.**

An all jene, die – wie ich damals – unzufrieden sind mit dem, was sie gerade tun, aber zu denen scheinbar keiner der üblichen Wege passt. Oder an diejenigen, denen es im Grunde wirklich gut geht, die aber trotzdem dieses nicht erklärbare Gefühl haben, dass da noch mehr sein muss: *Unterschätze nie deine Fähigkeit, etwas zu verändern!* Dein ganzes Leben kann sich an einem einzigen Tag ändern. Es braucht nur einen einzigen neuen Gedanken von irgendwoher, der alles auf den Kopf stellt. Alle großen Dinge sind auch an einem Tag, in einem bestimmten Moment passiert. Was du für diese Gedanken aber tun musst, ist, immer wieder Neues zu wagen. Immer wieder rausgehen, probieren und nicht zu sehr über das *Wie* und das *Was* nachdenken, sondern danach gehen, *warum* du etwas machen willst. Wenn du dies nicht tust, kannst du auch nicht herausfinden, was du möchtest, und dann tust du mehr oder weniger das, was alle anderen eben auch machen.

Seit dem Teenageralter ist es einer meiner größten Träume, einmal auf der Bühne bei einer der berühmten TEDx-Veranstaltungen zu stehen. Aus den Video-Uploads der weltweit bekannten Innovations-Konferenz hatte ich über Jahre Inspiration, Motivation und Denkanstöße erhalten – von großartigen Menschen wie Elon Musk, Steven Hawkings oder Brené Brown. In meinem ersten TEDx-Talk, den ich direkt nach der Reise halten durfte, habe ich dann gesagt: *»We decided to take the road less travelled and that made all the difference.«* Was ich damit meinte, ist, dass du dich in einer Welt, die von dir erwartet, so zu sein wie alle anderen, ehrlich dazu entscheiden musst, einen anderen Weg zu gehen, wenn dich die offensichtlichen Optionen nicht glücklich machen. Wie gesagt, wenn diese Entscheidung von dir kommt, dann liegt alles andere um die Ecke ... selbst Peking.

2. Lektion

Nicht hinzuhören
ist oft auch gut

Sich im ersten Schritt dafür zu entscheiden, etwas Neues zu wagen oder endlich in Angriff zu nehmen, wovon man schon lange träumt, ist eine Sache. Es dann tatsächlich zu tun eine ganz andere. Meist haben wir in Wirklichkeit gar nicht so große Angst vor der Veränderung an sich, sondern davor, was andere Menschen über uns denken werden, wenn wir etwas Neues ausprobieren wollen. Wenn wir einfach einmal Wege gehen, die so nicht von uns erwartet werden. Für mich war die Zeit, die zwischen der Entscheidung, nach Peking zu fahren, und dem tatsächlichen Start lag, die schwierigste. Heute weiß ich, dass ich noch viel zu oft hingehört habe, wenn andere Menschen etwas zu mir gesagt haben.

It's up to you:
Selbst entscheiden, was möglich ist

Max und ich besiegelten noch am selben Freitagabend, an dem die verrückte Idee so plötzlich aufgekommen war, mit einem Handschlag, dass wir zusammen mit dem Fahrrad bis nach Peking fahren würden. Zu dem Zeitpunkt hatten wir noch nichts getan, außer bei Google Maps die ungefähre Route zu berechnen, die man nehmen müsste, um tatsächlich ohne Flugzeug oder Schiff die halbe Welt zu durchqueren. Auf dem kürzesten Weg waren es laut unserer Kalkulation etwas über 15 000 Kilometer. Ich vergaß, dass ich in meinem Leben noch nie mehr als zehn Kilometer am Stück Fahrrad gefahren war, dass ich es eigentlich überhaupt gar nicht leiden konnte und dass 15 000 Kilometer mehr waren, als wenn ich etwa 20-mal von Amsterdam nach Hamburg zu meinen Schulfreunden und zurück radeln würde, und schreckte in meiner Euphorie vor dem Einfall nicht zurück. Ich war ganz aufgeregt, nun

eine Idee zu haben, mit der ich ähnlich wie bei einer Hilfsorganisation
Menschen helfen konnte, und schwelgte gleichzeitig in spannenden
Fantasien darüber, was man auf solch einer Reise wohl alles erleben
würde. Die zu befahrende Strecke schien mir zwar unvorstellbar lang,
aber in meiner Begeisterung erschien mir nichts unmöglich.

Welche anderen Herausforderungen aller möglichen Art es mit sich
bringen würde, mit dem Fahrrad von Deutschland bis nach China zu
fahren, wurde mir erst in den darauffolgenden Wochen bewusst: teures
Equipment, hohe Berge, gefährliche Regionen, unsichere Grenzüber-
gänge, komplizierte Visaanträge, eiskalte Wintertage, wilde Tiere, einsame Zeltstätten, gnadenloser Verkehr, menschenleere Wüsten, endlose
unbefestigte Straßen, diktatorische politische Systeme und unüber-
windbare Sprachbarrieren. Dazu noch unser Vorhaben, »nebenher« eine
Spendenkampagne ans Laufen zu bringen. Wie auch bei meiner ur-
sprünglichen Idee der Hilfsorganisation hatten wir uns überlegt, über
Social Media Spenden zu sammeln. Während der gesamten Reise wollten wir Menschen in sämtlichen sozialen Netzwerken Einblicke in das
Erlebte geben und sie an unserer Reise teilhaben lassen, um sie dadurch
zu animieren, etwas für den guten Zweck zu spenden. Sie waren also
mehr oder weniger live über Fotos und Videos dabei. Das Ziel war es,
in neun Monaten die 15 000 Kilometer von Berlin bis nach Peking zu
fahren, dabei zwanzig Länder zu durchqueren und 50 000 Euro zu sammeln. Dieses Spendengeld wollten wir dann verwenden, um gemeinsam
mit der erwähnten Hilfsorganisation *Pencils of Promise* eine komplette
Grundschule in Guatemala zu bauen. Um es genau zu nehmen, hatten
wir sogar von den Mitarbeitern erfahren, dass sie in exakt den ländlichen Gebieten aktiv waren und Schulen bauten, durch die ich mit Tess
gereist war und deren Eindrücke im Grunde ausschlaggebend für die
Idee gewesen waren. In meinen Augen fügte sich also alles zusammen.

Wenn ich allerdings gleich zu Beginn andere Menschen nach ihrer Meinung gefragt hätte, ob sie es denn für realistisch hielten, ein Dreivierteljahr lang ohne jegliche Kondition jeden Tag über 60 Kilometer mit dem Fahrrad zurückzulegen und währenddessen ein durchschnittliches Einstiegsjahresgehalt an Spenden zu sammeln, wäre ich mit Sicherheit nie auf den Sattel gestiegen. Jeder hätte mir sofort davon abgeraten. Aber zum Glück habe ich das nie getan. Es gab ohnehin schon viele Tage, an denen ich selbst nicht daran glaubte, dass das, was wir vorhatten, überhaupt machbar ist; da konnte ich nun wirklich niemanden gebrauchen, der in solchen Momenten meine Befürchtung bestätigte. Das, was ich allerdings tat, wenn ich wieder einmal stark an unserem Vorhaben zweifelte, war, mich an die Worte von Lewis Howes in seiner Podcast-Episode zu erinnern, die ich während meines Laufs durch den Amsterdamer Park gehört hatte und die in etwa so lauteten: *»Wenn du nichts findest, was dir sinnvoll erscheint zu tun, dann liegt es wahrscheinlich an dir, etwas zu erschaffen, das nach deinem Verständnis sinnvoll ist.«* Jedes Mal, wenn ich mir diese Worte in Erinnerung rief, wusste ich sofort wieder, warum ich auf diese Reise gehen wollte.

Ich glaube, dass viel mehr von uns das machen würden, was wir wirklich wollen, wenn wir einfach selbst entscheiden würden, was möglich ist, anstatt darauf zu hören, was andere sagen, und übermäßig großen Wert auf deren Meinung zu legen. Viel zu oft kümmern wir uns so sehr darum, wie unsere Freunde, Kollegen oder sogar völlig Fremde über etwas denken, dass wir unsere eigene Ansicht zurückstellen. Wir fühlen uns in unserer neuen Jacke richtig wohl − bis wir auf einmal einen negativen Kommentar über sie bekommen. Wir sind von einer Geschäftsidee überzeugt − bis der erste Freund sagt, dass er so etwas nie benutzen würde. Und wir sind oft erst stolz auf das, was wir geschafft haben, wenn ein anderer uns dafür Lob und Anerkennung gibt. Wir haben aber keine

Kontrolle darüber, was für Gedanken unserem Gegenüber durch den Kopf gehen, und schon gar nicht darüber, wie der andere zu uns oder unseren Vorhaben und Träumen steht. Daher sollten wir uns nur darauf konzentrieren, was *wir* denken und ob eine Idee oder Sache *uns* begeistert. Wenn wir das tun, wird es uns auch leichterfallen, den Zweifel anderer nicht zu unserem eigenen werden zu lassen. Wie schwer das selbst dann manchmal noch ist, habe ich am eigenen Leib erfahren.

Wer etwas sagt, ist wichtiger als das, was gesagt wird: Über das Filtern von hilfreichen und hinderlichen Ratschlägen

Es ist ein schmaler Grat, zu wenig oder zu viel von einem Vorhaben zu erzählen. Entweder läuft man Gefahr, sich von überwältigenden Zweifeln anderer entmutigen lassen, oder man verzichtet darauf, durch den Austausch mit anderen dazuzulernen und noch einmal neue Perspektiven auf das eigene Vorhaben zu gewinnen. Ich glaube, das einzig Hilfreiche, um diese Gratwanderung zu meistern, ist zunächst einmal, nicht darauf zu achten, *was* gesagt wird, sondern *von wem* es gesagt wird. Denn kein Mensch wird uns je so gut kennen, wie wir uns selbst kennen. Niemand kann nachvollziehen, was wir sowohl am heutigen Tag erlebt und gefühlt haben als auch in unserem gesamten bisherigen Leben. Nur wir selbst können sowohl auf der horizontalen Linie des aktuellen Tages als auch auf der Vertikalen des gesamten Lebens vollends abwägen, wie wir uns fühlen, warum wir uns so fühlen, und auch, ob wir bereit sind, etwas Neues zu wagen oder endlich zu tun, was wir im Grunde schon ewig vorhaben. Daher sollten wir auch anfangen, selbst zu entscheiden, bei welchen Menschen wir wirklich hinhören sollten, wenn diese uns bewerten oder beurteilen.

Egal, was man vorhat, es wird immer auf der einen Seite einige wenige Menschen geben, die selbst wertvolle und hilfreiche Erfahrungen mit etwas Ähnlichem gemacht haben und eine große Hilfe sein können, und auf der anderen Seite unzählige Menschen, die im Grunde keine Ahnung haben, worum es geht, aber generell Ideen kleinreden, da sie ihre eigenen Zweifel auf die Menschen projizieren, die sie daran erinnern, was sie sich selbst nie trauen würden. Wie schwer es aber sein kann, sowohl die beiden voneinander zu unterscheiden als auch die Meinungen der Menschen, die einen ungefragt anzweifeln, nicht an sich heranzulassen, habe ich während der drei Monate zwischen dem Moment der zündenden Idee und ihrer eigentlichen Verwirklichung an dem Tag, an dem ich in die Pedale getreten bin, unzählige Male erlebt.

Ein Beispiel, an das ich mich noch ganz besonders gut erinnern kann, war eine Einladung zu einem großen Berliner Sender, wo Max und ich über unsere bevorstehende Reise sprechen sollten. Das Interview sollte aufgezeichnet werden und am nächsten Tag im Radio zu hören sein. Wir kamen also im Studio an, gingen schnell das Briefing durch und unterhielten uns dann mit dem Moderator. Das Interview verlief ziemlich ähnlich wie die vorherigen, und auf die üblichen Fragen wie »Warum macht ihr das?«, »Wie seid ihr auf die Idee gekommen?« und »Was habt ihr alles dabei?« folgten auch keine großartigen Überraschungen mehr. So waren wir nach gut zehn Minuten fertig und tranken auf dem Balkon des Studios noch einen Kaffee mit dem Moderator, der gerade Mittagspause machte. Scheinbar hatte dieser noch nicht genug erfahren, und so plauderten wir weiter über die bevorstehenden Monate. Auf seine Frage hin, ob wir denn Bammel hätten und wirklich auch selbst daran glaubten, irgendwann in China anzukommen, antwortete ich, dass wir natürlich Angst hatten vor einem sehr kalten Winter oder wilden Tieren, aber dass wir uns durchaus zutrauten, die Strecke bis nach Peking zu schaffen. Da er im Interview viel über unsere Vorbereitung für die Tour sprechen wollte, fügte ich noch hinzu, dass wir es für möglich hielten, diese Tour zu meistern, ohne uns vorher ausgiebig darauf vorzubereiten. Er stimmte zu, sagte laut und mit einem freundlichen Zwinkern, dass, wenn dies irgendwem gelingen würde, dann wahrscheinlich uns, und brachte uns zur Tür.

Als ich am nächsten Morgen beim Frühstück das Radio anschaltete, um unseren kurzen Auftritt nicht zu verpassen, konnte ich nicht glauben, was ich hörte. In der Abmoderation unseres Beitrags äußerte der gestern noch so freundliche und uns mit seinen Worten motivierende Moderator, wie wenig er daran glaube, dass wir auch nur aus Deutschland hinaus und über die Grenze nach Tschechien kommen würden. Er lachte lauthals darüber, wie blauäugig wir doch waren zu glauben, ohne jedes Training mit dem Fahrrad bis nach Peking fahren zu können, und meinte, dass solcher Leichtsinn auch nur von, wie er es ausdrückte, zwei jungen Burschen kommen könne, die einfach noch nicht genug im Leben erfahren hatten. Seinen eigenen Worten zufolge erinnere ihn dies an seine eigene Jugend, als er geglaubt hatte, dass alles möglich sei, bis er im Alter dazugelernt habe.

Ich weiß noch genau, wie ich am Küchentisch saß und furchtbar wütend wurde, dass sich wieder einmal jemand herausnahm, ungefragt eine so persönliche Bewertung meiner eigenen Grenzen und Fähigkeiten abzugeben. Gleichzeitig war ziemlich offensichtlich, dass der Moderator anscheinend über die Jahre hinweg den jugendlichen Glauben daran verloren hatte, selbst außergewöhnliche Dinge zu schaffen. Trotz des Wissens um diesen Hintergrund und sogar eines Funken Mitleids, den ich für ihn verspürte, gelang es mir dennoch nicht, seine Worte einfach spurlos vorüberziehen zu lassen. Wenn man solch eine Meinung völlig ungefragt zu hören bekommt, ist es eben beinahe unvermeidbar, dass die eigene Zuversicht Schaden nimmt. Daher denke ich, dass es oft eben das Beste ist, gar nicht erst hinzuhören.

Andersherum kann Hinhören aber auch mitunter der wichtigste Teil während der Vorbereitung auf ein großes Vorhaben sein. Dass es immer darauf ankommt, *wer* etwas sagt, habe ich in der Woche nach unserem Radioauftritt gelernt, als ich mich in einem Outdoor-Geschäft über verschiedenstes Equipment für unsere Reise informierte. Kaum hatte ich den Laden betreten, merkte ich, wie wenig ich von dem, was ich hier sah, verstand. Ich eröffnete einem der Verkäufer, was Max und ich vorhatten, um ihn anschließend nach möglichen Schlafsäcken für einen solchen Trip zu fragen. Paul, so hieß der Verkäufer, wie sich später herausstellen sollte, überging meine Frage nach dem Schlafsack komplett und erkundigte sich mit besorgter Miene: »Und ihr seid sicher, dass ihr

Nach nur einer Woche zelten wir im tschechischen Wald und haben jetzt schon mehr geschafft, als der Radiomoderator uns je zugetraut hätte.

wirklich diese Route machen wollt?« Auf mein verunsichertes Nicken und meine Nachfrage hin, warum er dies wissen wolle, erzählte er mir, dass er selbst mit einem Liegefahrrad drei Jahre lang um die ganze Welt gefahren sei. Auf allen Kontinenten sei er gewesen und gab mir als gut gemeinten Ratschlag mit, dass wir nicht wie bisher geplant durch Tadschikistan über das Gebirge fahren sollten. Dort hätte es zu der Jahreszeit, zu der wir die Passage planten, wohl in den Höhen oft um die minus 30 Grad, und es wäre schlichtweg unmöglich, die Gebirgsspitzen zu überqueren – erst recht mit dem Fahrrad. Außerdem erzählte er mir, dass die Region zu seinem Bedauern vermehrt zur Zielscheibe von terroristischen Anschlägen auf Touristen geworden wäre. Erst vor ein paar Tagen war anscheinend eine Gruppe von Fahrradreisenden auf der Gebirgsstraße von Anhängern der IS-Terrormiliz überfallen und ermordet worden.

Ich, der weder von den eisigen Temperaturen noch von dem terroristischen Vorfall wusste, war Paul zutiefst dankbar dafür, dass er, anstatt mich in meinem Unwissen zu lassen, die Initiative ergriffen und mir ungefragt wertvolle Ratschläge gegeben hatte. Wie wichtig es aber tatsächlich gewesen war, hier hinzuhören, wusste ich spätestens, als wir uns Monate danach auf unserer Alternativroute befanden und zu dem Zeitpunkt sowohl die komplette Passstraße, die wir ursprünglich entlangfahren wollten, wegen des eisigen Winters gesperrt war als auch kurz zuvor dort wieder vereinzelt Tumulte stattgefunden hatten.

Hätten wir uns damals die niederschmetternden Worte des Radiomoderators zu Herzen genommen, wären wir wahrscheinlich nie losgefahren. Bei Paul hingegen war es ausgesprochen wichtig gewesen, dass wir uns seine Worte zu Herzen genommen hatten. Ohne seinen Ratschlag hätten wir völlig aufgeschmissen vor einer gesperrten Gebirgsstraße gestanden, oder uns wäre womöglich noch Schlimmeres passiert.

Was ich aus dieser Zeit zwischen der Entscheidung und dem Aufbruch gelernt habe, ist, dass Menschen immer an einem zweifeln werden, wenn man Dinge tut, die sie selbst nicht wagen würden. So gut wie jeder hat eine Meinung und will einen davon überzeugen, warum das, was man vorhat, aus irgendeinem Grund nicht realistisch ist. Ich glaube, dass das Einzige, was dabei hilft, trotzdem an seinen Plänen festzuhalten, darin besteht, einfach darauf zu achten, *wer* etwas sagt, anstatt darauf, *was* gesagt wird, und entsprechend zu entscheiden, welchen Menschen man zuhört und welchen eben nicht.

Own your story:
Wie man durch Offenheit und Echtheit Verbindung schafft

Mit am häufigsten werde ich heute gefragt, wie groß meine Angst am Abreisetag gewesen sei und ob ich meine Entscheidung bereits während der ersten Kilometer hinterfragt hätte, als ich realisierte, dass es nun kein Zurück mehr gab. Die Menschen wollen immer wieder von mir wissen, ob ich nicht gleich zu Beginn oft darüber nachdenken musste, was wir hier denn eigentlich taten, und ob ich nicht lieber umkehren sollte. Einfach zurückfahren, solange es noch so einfach möglich war. Die Wahrheit ist, dass sowohl meine Beine kurz vor dem Start ganz schön zittrig waren als auch meine Gedanken ziemlich verrücktspielten. Natürlich hatte ich Angst. Natürlich dachte ich immer wieder flüchtig darüber nach, was ich hier denn überhaupt im Begriff war zu tun und wie einfach es wäre, all das wieder abzubrechen. Das war allerdings nichts, verglichen mit dem Moment, als ich kurz davor war, meiner Familie und

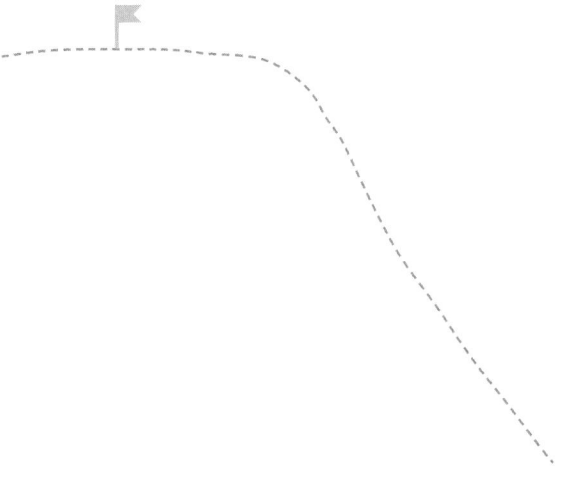

meinen engsten Freunden das erste Mal von der Idee zu erzählen. Der Satz: »Ich bleibe übrigens doch nicht wie ursprünglich geplant in dem Unternehmen und mache hier meine Managementkarriere, sondern fahre nun mit einem Fahrrad um die Welt und sammle dabei Spenden für eine Schule«, verlangte mir größten Mut ab. Wahrscheinlich lag dies vor allem daran, dass ich genau wusste, wie sehr mich die Reaktionen meiner Freunde und meiner Familie beeinflussen könnten und wie groß die Verwunderung über meine Reisepläne sein würde – vor allem über das Transportmittel.

So, wie es mir erging, fällt es sehr vielen von uns schwer zuzugeben, dass wir gerade nicht zufrieden oder vielleicht sogar unglücklich sind und eigentlich etwas anderes machen wollen. Oft können wir es noch nicht einmal mit einer richtigen Unzufriedenheit erklären, sondern es ist eher das unterschwellige Gefühl, dass das Leben doch irgendwie noch mehr zu bieten haben müsste. Und trotzdem ist es für viele von uns ausgesprochen schwierig, selbst dies offen zuzugeben. »Was sollen nur meine Freunde denken?«, schießt es uns sofort durch den Kopf. Allein der Gedanke, noch einmal etwas völlig Neues auszuprobieren, einen anderen Weg einzuschlagen, als Menschen, die einem nahestehen, von einem erwarten würden, oder anderer Meinung zu sein, kann unglaubliche Angst machen. Brené Brown, die weltberühmte Schamforscherin, schreibt in ihrem Buch, dass diese Vorstellung, etwas zu tun, was den Erwartungen anderer Menschen uns gegenüber nicht entspricht, sich anfühlen kann, als wären wir im Begriff, eine Maske abzunehmen, die uns nach außen hin stets zufrieden, glücklich und selbstsicher aussehen ließ. Als würden wir das erste Mal zeigen, wer wir tief im Inneren wirklich sind, wie wir fühlen und was wir tatsächlich wollen, anstatt immer die Erwartungen anderer zu erfüllen. Als könnten wir endlich voll und ganz wir selbst sein, ohne irgendetwas verstecken zu müssen. Und natürlich haben wir davor Angst. In diesem Moment stehen wir offen zu unseren vermeintlichen Schwächen und machen uns verletzlich. Wenn alle Mitmenschen uns nur mit einer Maske kennen und niemand wirklich weiß, wer wir darunter sind, dann fühlt es sich so an, als könnte man sie nie wieder abnehmen. Wir fürchten uns davor, Menschen, die wir lieben, zu verlieren, indem wir zeigen, dass wir in Wirklichkeit gar nicht die Person sind, für die sie uns gehalten haben. Vor allem für uns Männer kann dies schwierig sein, da wir selten gut darin sind, uns verletzlich zu zeigen oder Fehler einzuräumen.

Wie gut es aber tut, einfach voll und ganz man selbst zu sein, dazu zu stehen, was man tun will, und wie unbegründet auch die Angst davor ist, dies nicht zu sein, zeigte sich mir sofort, als ich meinen Freunden und meiner Familie von der Idee erzählte. Natürlich waren sie im ersten Augenblick erstaunt und hatten unzählige Fragen, aber keiner von ihnen war enttäuscht, dass ich nicht wie gedacht als Nächstes meine Karriere starten, sondern eine verrückte Weltreise für einen guten Zweck unternehmen würde. Wie auch bei dem Gespräch mit meinem Boss hatte sich die Angst davor nur in meinem Kopf abgespielt. Die Menschen, die wirklich wichtig sind, stehen uns zur Seite – egal wie sehr wir unsere Richtung wechseln und unerwartete Entscheidungen treffen. Und wenn sie es nicht tun, dann sind sie eben nicht wirklich wichtig.

Zur Motivation setzen wir uns Meilen-
steine. Den ersten – Wien – erreichen
wir mitten in der Nacht nach einem
100-Kilometer-Tag.

Natürlich erfordert es aber eine große Portion Mut, sich voll und ganz zu zeigen und kompromisslos zu seinen Plänen und Wünschen zu stehen. Was mir, der ich selbst nicht unbedingt der Mutigste bin, dabei am ehesten geholfen hat, war, dem eigenen Selbstzweifel gar nicht erst den nötigen Raum zu geben, um sich breitzumachen. Ich beschreibe diesen Vorgang gerne als die immerzu kritische Stimme im eigenen Hinterkopf, die nicht die Chance bekommen darf, Gehör zu finden. Wir alle kennen doch die Situation, wenn wir gerne etwas tun würden, aber uns sofort Tausende Gedanken durch den Kopf schießen, die dagegen sprechen. Die sagen, dass wir etwas nicht können, dass es peinlich wäre oder dass es sowieso nicht funktionieren würde. Eine typische Situation für die kritische Stimme, die wir wohl alle kennen, ist das Ansprechen eines fremden Menschen, den wir attraktiv finden und gerne kennenlernen würden. Sofort malen wir uns im Kopf aus, wie wir abgewiesen werden oder wie wir uns zum Narren machen. Wir kriegen Herzklopfen, die Hände schwitzen, und im Endeffekt hören wir der Stimme im Hinterkopf meist zu lange zu und lassen jede Chance, mit dieser Person in Kontakt zu treten, einfach ziehen. Andere kennen dies aus dem Schulunterricht, aus der Uni-Vorlesung oder von Meetings bei der Arbeit, wenn man gerne etwas fragen würde, aber sich dann doch nicht traut. Man bekommt innerhalb einer größeren Gruppe etwas erklärt, hat einen Teil des Inhaltes nicht wirklich verstanden, schreckt davor zurück nachzufragen, da man Angst hat, seine Unwissenheit zu offenbaren. Sämtliche Wissenschaftler dieser Welt haben dieses Phänomen untersucht und sind immer wieder zu dem Ergebnis gekommen, dass es nur wenige Menschen gibt, die tatsächlich anmerken, dass etwas offensichtlich falsch sei oder dass sie etwas nicht verstanden hätten, wenn die übrigen Anwesenden schweigen. Das sind dann diejenigen, die der eigenen zweifelnden Stimme nicht nachgegeben haben, die einem versucht einzureden, dass man sich mit eine Nachfrage bloßstellen könnte. Und zweifellos ist es auch diese Stimme, die uns versucht einzureden, dass wir nicht unsere Maske abnehmen und einfach unsere Schwächen offenbaren können. Die uns suggeriert, dass wir nicht offen darüber sprechen können, was wir wirklich wollen und wovon wir träumen.

Was ich nun also gelernt habe, ist, dass sich der Zweifel umso geringer halten lässt, je schneller wir anfangen, das in die Tat umzusetzen, was wir uns in Gedanken ausmalen. Am besten zögern wir nicht eine Sekunde und gehen sofort, wenn wir ihn sehen, den ersten Schritt auf den Menschen zu, den wir gerne ansprechen würden, oder heben unmittelbar die Hand, um die Frage zu stellen, die uns auf der Zunge liegt. So geben wir unserer zweifelnden Stimme gar nicht erst die Zeit, sich viele peinliche Szenarien darüber auszudenken, was alles schiefgehen könnte. So ähnlich hatte ich es damals gemacht. Ich hatte unmittelbar nach dem Entschluss, wirklich auf diese Reise zu gehen, meinen Eltern und meinen besten Freunden eine Nachricht geschrieben und gesagt, dass ich etwas Großes vorhabe und dass ich sie am Abend anrufen würde, um es ihnen zu erzählen. Mit dieser Aktion habe ich im Nachhinein den Selbstzweifel am ehesten verhindern können und das getan, was ich wirklich wollte. Man muss so schnell, wie es nur irgendwie möglich ist, ins Handeln kommen und der Stimme im Hinterkopf gar nicht erst die Möglichkeit geben, Gründe zu finden, warum wir unsere Maske nicht fallen lassen sollten. Denn es gibt gar keinen überzeugenden Grund, uns dafür zu schämen, wer wir sind, oder dafür, neue Dinge auszuprobieren, um es herauszufinden.

An alle,
die etwas
wagen wollen ...

... aber Angst davor haben, was andere von ihnen denken. An all jene, die immer wieder zweifeln und an sich zweifeln lassen. Oder an diejenigen, die denken, dass sie ihre Maske, die vorgaukelt, wie gut doch momentan alles läuft, jetzt nicht mehr abnehmen können, weil sie sie schon viel zu lange tragen: *Hör einfach nicht hin!* Herauszufinden, was dich glücklich macht, ist angesichts der vielen Möglichkeiten heutzutage wichtiger als jemals zuvor. Wenn dir jemand sagt, dass du etwas nicht kannst, dass es zu spät ist oder dass es unmöglich ist, dann entscheidest du, ob du hinhörst oder nicht. Selbst wenn es deine eigene Stimme im Hinterkopf ist, die dir zuflüstert, dass du es nicht kannst, ist die beste Möglichkeit, sie verstummen zu lassen, es einfach trotzdem zu probieren. Und das am besten so schnell wie nur irgend möglich.

Und auch wenn gerade nichts in deinem Leben zu funktionieren scheint und du zutiefst unzufrieden bist, dann solltest du nie das Gefühl haben, dich selbst als Mensch verändern zu müssen. Es sind vielleicht Kleinigkeiten in deinem Verhalten und deiner Denkweise, die es anzupassen gilt, um die Umstände, die dich nicht zufriedenstellen, zu verändern, aber deine authentische Persönlichkeit änderst du dadurch nicht. Selbst wenn du etwas komplett Neues machst, das nichts mit dem zu tun hat, was du vorher gemacht hast, aber einfach besser mit deinem Denken, Fühlen und Handeln harmoniert, dann veränderst du dich im Grunde genommen nicht, sondern erkennst lediglich, wer du wirklich bist. Daher ist stets der erste Schritt, dich zu zeigen und die eigene Maske abzunehmen – und das bedeutet: ehrlich mit Leuten über Dinge zu sprechen, anstatt für sie zu performen. Die wirklich wichtigen Menschen stehen trotzdem zu dir und geben dir dadurch Energie. Und diese Energie wirst du brauchen. Denn jeder Anfang ist für gewöhnlich schwer.

3. Lektion

Es ist nur so lange schwer, bis es einfach wird

Eine Veränderung gestaltet sich zu Beginn schwierig, verläuft in der Mitte chaotisch und ist am Ende wunderschön. Wenn wir es geschafft haben, die Entscheidung zu treffen, Zweifeln kein Gehör zu schenken und den ersten Schritt zu machen, dann liegt der herausforderndste Teil bereits hinter uns. Dann heißt es weiterzumachen, bis das, was am Anfang schwer war, schließlich einfach wird. Für mich stellte sich diese Erkenntnis mitten in den Bergen Mazedoniens ein.

Den ersten Schritt wagen:
Warum das zu tun, was einem Angst macht, meist genau das Richtige ist

Ich weiß noch genau, wie ich mich am Tag der Abreise gefühlt habe. Es war eine Mischung aus Trauer, Stolz, Vorfreude und Angst. Zuerst kam die Vorfreude, als ich morgens aufgewacht bin und das Erste, was ich sah, die fertig gepackten schwarzen Satteltaschen vor meinem Bett waren, die nur darauf warteten, mit mir auf das größte Abenteuer meines Lebens zu gehen. Bis vor ein paar Wochen hatte ich noch nicht einmal gewusst, dass so etwas wie Fahrradsatteltaschen überhaupt existierten, und jetzt war alles, was ich die nächsten neun Monate besitzen sollte, in ihnen verstaut. Ihr Anblick versetzte mich in eine aufgeregte Vorfreude darauf, was ich die nächste Zeit wohl alles erleben würde, und warf die interessante Frage auf, ob 50 Kilogramm an Besitz für ein richtig gutes Leben wirklich ausreichen könnten.

»Was ich mit diesen Taschen wohl alles erleben werde, was ich sehen werde und welche Geschichten ich mitnehmen werde?«, ging es mir durch den Kopf.

Weiter im Bett liegend dachte ich über das weit entfernte Peking nach und merkte, wie unwichtig es eigentlich war, ob wir unsere Zielmarke wirklich erreichen würden oder nicht. Während ich zu Beginn der Planung lediglich über das Eintreffen vor Ort nachgedacht hatte, war ich inzwischen bereits ziemlich stolz darauf, was Max und ich die letzten Monate alles geschafft hatten, und dass wir nun tatsächlich in wenigen Stunden losfahren würden, war schwer greifbar für mich. Wir hatten so oft Bedenken gehabt, ob wir überhaupt zu diesem Punkt kommen würden, an dem wir alles zusammengetragen hätten, um wirklich losfahren zu können. So viele Menschen hatten uns gesagt, dass unser Vorhaben absolut verrückt sei, und selbst aus den mir vertrautesten Gesichtern hatte ich mehr Zweifel als Zuversicht herauslesen können, wenn ich anfing zu erzählen. Und objektiv betrachtet war jeder zweifelnde Blick absolut gerechtfertigt. Bereits bei der ersten Hürde, der Sponsorensuche für das teure Equipment, das wir uns niemals aus eigenen Mitteln hätten leisten können, sagte uns jeder Store-Besitzer und erfahrene Radreisende, dass die Chancen, von jemandem ausgestattet zu werden, für uns gleich null seien. Große Outdoor-Marken, Fahrradhersteller und Campinghändler erhalten Tag für Tag Dutzende ähnlicher Anfragen und können meist noch nicht einmal die Leute mit Equipment versorgen, die schon ähnliche Aktionen gemeistert haben und bei denen die Aussicht auf Erfolg zumindest absehbar ist. Unserer Spendenkampagne standen die Menschen noch skeptischer gegenüber. In diversen Facebook-Gruppen zu diesen Themen äußerten User, dass sie es für unmöglich hielten, ohne große Reichweite eine selbstgestartete Fundraising-Aktion im großen Stil aufzuziehen, und selbst die Mitarbeiter von *Pencils of Promise* erzählten uns, dass bisher meist nur Prominente oder große Unternehmer es geschafft hätten, genug Spenden für eine ganze Grundschule zu sammeln. Und wenn jemand nicht wegen des fehlenden Equipments oder der ambitionierten Spendenkampagne skeptisch war, dann stand er zumindest der vor uns liegenden Strecke argwöhnisch gegenüber. Mit Bergen, die hoch genug waren, dass neben der Straße Skipisten verliefen, und Wüstenabschnitten, die groß genug waren, dass man wochenlang geradeaus fahren könnte, ohne auch nur einen Menschen zu sehen, wurde unsere Route selbst von den hartgesottensten Fahrradreisenden in sämtlichen Foren als ziemlich herausfordernd beschrieben. Dass wir trotzdem so viel Energie in die Reisevorbereitungen investiert hatten, reichte aus, um mich stolz zu machen. Der Erfolg der Aktion hing für mich nicht davon ab, ob wir tatsächlich in Peking ankommen und wirklich eine Schule bauen würden – was zählte, war, dass wir es in Angriff genommen hatten.

Die dritte Emotion, die Angst, kam auf, kurz bevor ich am Abfahrtspunkt eintraf. Max und ich hatten uns für elf Uhr vormittags im Berliner Volkspark verabredet. Einige unserer besten Freunde, die sich zur Verabschiedung angekündigt hatten, wollten eine halbe Stunde später dazustoßen. Während ich in Begleitung meiner Mutter mein erstmals vollbepacktes Fahrrad von der Wohnung zum Park schob, spielten meine Gedanken wieder verrückt. Ich dachte an die Reisewarnungen im Internet für manche der Gebiete, die wir durchqueren würden, an die Horrorgeschichten von ausgeraubten Radreisenden, an all die Argumente, die uns immer wieder entgegengebracht worden waren, wie unmöglich unser Vorhaben doch sei, und daran, wie unvorhersehbar die nächsten Monate waren. Ich hatte die Geschichte eines Reiseblogs über die türkischen Berge vor Augen, in der ein erfahrener Radreisender beschrieb, wie er bei den Schneemengen aufgeben und mit dem Bus zurück nach Istanbul fahren musste. Oder die unzähligen Kommentare unter einem Beitrag über Straßenhunde, in denen Betroffene von den schlimmsten Bissverletzungen berichteten. Die geballte Ungewissheit der nächsten Monate kam in mir hoch, und als meine Mutter mich

Am 02.09.2018 heißt es
Abschied nehmen für die nächsten neun Monate.

fragte, ob ich auch wirklich an alles gedacht hätte, konnte ich nur nicken, weil ich solch einen dicken Kloß im Hals stecken spürte. Als wir
im Park eintrafen, war Max mit seiner Familie bereits eingetroffen, und
einige meiner Freunde warteten auch schon. Die Stimmung allerdings
war merkwürdig. Je mehr ich mit meinen Freunden über die bevorstehende Reise Witze machte, desto trauriger wurde ich zugleich. Es
erinnerte mich nur wieder und wieder daran, dass ich all diese Menschen für mindestens die nächsten neun Monate nicht mehr sehen
würde, und ließ meinen Kloß im Hals noch weiter anschwellen. Gefühlt wurde es von Minute zu Minute schwerer, mich an den Gedanken
des nahenden Aufbruchs zu gewöhnen. Daher war ich schließlich froh,
als der Zeitpunkt gekommen war, dass wir in die Pedale stiegen. Ich
verabschiedete mich schweren Herzens von jedem Einzelnen, umgriff

meinen Fahrradlenker mit der rechten Hand, winkte mit der linken, und machte, während ich das Rad neben mir herschob, die ersten Schritte in Richtung Peking.

Die ersten paar Kilometer durch Berlin redeten Max und ich kein Wort miteinander, und ich wusste, dass ihm Ähnliches durch den Kopf ging. So strampelten wir also einfach nur stumm nebeneinander her, bis wir irgendwann zum Berliner Tor kamen. Hier, als hätten wir mit unseren Rädern eine unsichtbare Linie überfahren, war das Gefühlschaos auf einmal wie weggespült, und ich fühlte mich einfach nur noch großartig und befreit. Ich hatte getan, was ich mir nie zugetraut hatte, und auch wenn ich Angst hatte vor dem, was mich erwartete, wusste ich doch instinktiv, dass ich gerade den richtigen Weg einschlug. Vielleicht auch gerade deshalb, weil ich Angst hatte. Ich glaube, wenn wir keine Angst vor dem ersten Schritt haben, sollten wir dies als Hinweis darauf sehen, dass der Schritt eben zu klein ist und wir größer denken müssen.

Die Zwei-Monats-Regel: Wie man das umsetzt, was man sich vornimmt

Die allerersten Tage vergingen wie im Fluge. Alles war neu und aufregend, stets gut gepflasterten Radwegen folgend fuhren wir durchweg redend nebeneinander her und erreichten ohne große Anstrengung die Grenze zwischen Deutschland und Tschechien. Hier verflog die Euphorie dann allmählich. Mein Körper fing an zu realisieren, was ihm in seinem neuen Alltag nun bevorstehen sollte, und als wir wenig später die österreichischen Alpen erreichten, begann die Motivation zu schwinden. Ich war schließlich, wie erwähnt, noch nie in meinem Leben mehr als zehn Kilometer Fahrrad gefahren. Da konnte ich mir noch so sehr ins Gedächtnis rufen, was ich mir fest vorgenommen hatte; jeder erneute Berg brachte mich an den Rand der Verzweiflung. Wenn man vom einen auf den anderen Moment Tag für Tag über 60 Kilometer hinweg in die Pedale tritt und dann auch noch sein vollbepacktes Fahrrad, das fast so schwer ist wie man selbst, stundenlang scheinbar nicht enden wollende Berge hochschiebt, dann stellt man schnell die Sinnfrage: Warum mache ich das alles hier eigentlich? Ist es das gerade tatsächlich wert? Die Schultern schmerzen von der einseitigen Belastung des Schiebens am steilen Hang, und die zweifelnde Stimme im Hinterkopf meldet sich zurück, die einem sagt, wie leicht es doch wäre, einfach umzudrehen, dass doch vielleicht vorher alles gar nicht so verkehrt gewesen sei und ob man das hier wirklich wolle. Alles in einem sehnt sich danach aufzuhören – und gerade dann lohnt es sich weiterzumachen. Ich glaube sogar, dass die Entscheidung über einen solchen Moment auf lange Sicht gesehen über unser gesamtes Leben bestimmt.

Fasst man selbst den Entschluss, etwas Neues zu beginnen oder einen Vorsatz, den man schon lange vor sich herschiebt, anzugehen, dann verspürt man zu Beginn oft eine Art Hochgefühl. Man kennt dieses Gefühl von Neujahrsvorsätzen, wenn man sich darüber freut, endlich die Entscheidung getroffen zu haben, etwas anders zu machen. Wir werden richtig euphorisch beim Festhalten von Zielen, da wir in dem Moment ihrer Niederschrift den festen Glauben daran haben, dass wir sie auch wirklich erreichen. So platzen die Fitnessstudios in der ersten Januarwoche förmlich aus allen Nähten. Alle sind voll davon überzeugt, dass dies ihr Beginn eines sportlicheren, gesünderen und besseren Lebens sei. Ist diese anfängliche Euphorie aber erst einmal verflogen, entpuppen sich die anvisierten Veränderungen jedoch als sehr schwierig, anstren-

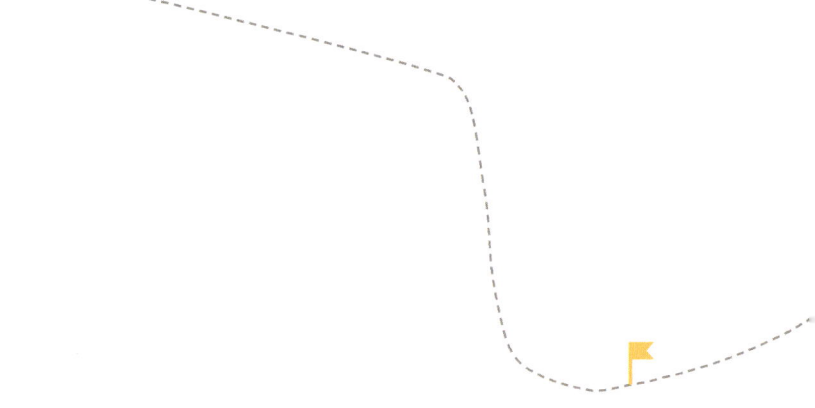

gend und zeitaufwendig. Auf einmal kommt uns hier etwas dazwischen, da passiert etwas Ungeplantes, und dort macht der Alltag uns einen Strich durch die Rechnung. So sieht man bereits im Februar nur noch wenige der vielen neuen Fitnessstudiomitglieder, die im Januar noch voll motiviert auf dem Laufband gerannt sind. Und nach nur fünf Monaten haben bereits über 80 Prozent der Menschen, die sich im Januar neu angemeldet hatten, komplett aufgegeben.

Ich selbst kannte das Phänomen bereits vor meiner Radreise von anderen Sachen, die ich mir vorgenommen, aber nie geschafft hatte umzusetzen. Darunter fiel unter anderem der Vorsatz, gesünder zu essen, mehr zu lesen oder früher aufzustehen: Ich hatte mich entschieden, war mit großer Motivation gestartet und hatte dann, nach einer nicht besonders langen Zeit, doch wieder aufgehört. Der innere Schweinehund hatte gesiegt – wie bei fast allen von uns. Natürlich hatte ich durch die Podcast-Episoden von Lewis und durch sämtliche Bücher, die ich zu Themen wie diesen gelesen hatte, bereits lange, bevor wir losfuhren, viel darüber gelesen, wie wichtig das Durchhaltevermögen für große Erfolge ist. Auf der Reise aber habe ich das erste Mal erlebt, wie es sich anfühlt, dies tatsächlich zu tun, ohne nach einer Alternative zu schielen. Wirklich durchzuhalten und jeden Tag wieder in die Pedale zu treten – egal, wie schlecht das Wetter ist, wie schwer die Beine sind oder wie hoch die Berge sind. Dort habe ich am eigenen Leib erfahren, was es

Am Anfang ist es ungewohnt, Dinge wie Zähneputzen draußen bei Wind und Wetter machen zu müssen – aber irgendwann ist es ganz normal.

mit einem macht, wenn man einfach so lange bei der Sache bleibt, bis man sich schließlich irgendwann an die zuerst so schwierige Veränderung gewöhnt hat.

In der Neurowissenschaft gibt es den Begriff »Neuroplastizität«, der die Fähigkeit des Gehirns beschreibt, sich selbst zu verändern, indem es neue synaptische Verbindungen herstellt und dadurch quasi alte Gewohnheiten mit neuen überschreibt. Es existieren unterschiedliche

Auch daran, täglich Haferflocken
mit Wasser zu essen, muss ich
mich erst gewöhnen. Sehr viel mehr
passt nicht in unser Gepäck.

Meinungen, wie lange wir als Menschen durchschnittlich dafür brauchen, um uns etwas Neues anzugewöhnen und in unseren Habitus übergehen zu lassen. Bis die Gewohnheit wirklich fest verankert in unserem Gehirn ist. Die wohl prominenteste Auffassung ist, dass sich, je nach Komplexität der Tätigkeit, nach durchschnittlich etwa zwei Monaten, während denen wir eine Tätigkeit regelmäßig ausgeführt haben, eine Gewohnheit eingestellt hat. Diese Zeit braucht es, bis sich eine Art Automatismus formiert hat, der uns wie von selbst agieren lässt. Alles, was wir brauchen, um bis zu diesem Punkt zu kommen, ist die Willenskraft, diese Tätigkeit durchzuhalten. Und diese können wir ähnlich trainieren wie unsere körperlichen Muskeln: Mit jeder Wiederholung wird sie stärker, richtig wachsen tut sie erst, wenn es unangenehm wird, und was uns am Anfang schwer vorkam, wird am Ende ganz einfach sein.

Wenn ich auf meine Reise zurückblicke und mich daran erinnere, wann es mir endlich leichterfiel, die am Anfang so schwierigen steilen Berge hinaufzufahren, ohne dabei zu verzweifeln, dann stimme ich der Zwei-Monats-Regel zu. Und hier geht es mir mehr um den mentalen als um den körperlichen Aspekt. Natürlich war meine Fitness in diesen Momenten auch gefragt, aber bereits zu Beginn der Reise hatte ich gemerkt, dass ich vor allem an meiner mentalen Stärke für extremere Aufstiege arbeiten musste, wenn ich in Peking ankommen wollte. So hatte ich schon in den österreichischen Alpen begonnen, mich immer und immer wieder auf eine positive Einstellung zu besinnen, anstatt wild zu fluchen und die ganze Aktion in Frage zu stellen. Natürlich klappte es mal mehr und mal weniger gut, aber egal, wie sehr mir auch nach einem Wutausbruch zumute war, ich nahm mich zusammen und lenkte meine Gedanken auf unser großes Ziel: Peking. Ich wollte mir unbedingt angewöhnen, selbst in den schwierigsten Situationen optimistisch und gut gelaunt zu bleiben, anstatt negativ zu denken.

Anfang November dann, nach genau 65 Tagen, erreichten wir Mazedonien und hatten noch drei weitere Tage Fahrt durchs hohe Gebirge vor uns, bis wir in Ohrid, der Hauptstadt, Pause machen wollten. Schon seit geraumer Zeit wusste ich, welche Höhenmeter mich hier erwarten und wie schwierig diese Tage werden würden – sowohl körperlich als auch mental. Immer wieder war uns erzählt worden, dass die Bergaufstiege endlos lang seien und die Gebirgsstraßen dermaßen kurvig, dass man immer wieder den Schwung verliere, der sich sonst selbst bergauf auf geraden Strecken aufbauen lässt. Ich war also vorgewarnt. Aber überraschenderweise kam es anders. Es blieb zwar immer noch eine Herausforderung, und ich schwitzte und stöhnte vor körperlicher Anstrengung, aber im Gegensatz zum Beginn unserer Reise, an dem ich starke Willenskraft aufbringen musste, nicht darüber nachzudenken, wie einfach es wäre, einfach alles hinzuschmeißen, kam mir gar nicht erst ein negativer Gedanke. Ich fuhr den Berg hoch, hielt mir dabei durchgehend vor Augen, warum wir das alles auf uns nahmen, und freute mich sogar währenddessen darüber, wie weit wir bereits gekommen waren. Was mir am Anfang sehr schwer, nahezu unmöglich erschien, war inzwischen ganz einfach geworden. Nach zwei Monaten auf dem Fahrrad hatte ich eine erste Veränderung herbeigeführt und mir angewöhnt, auch in den schwierigsten Situationen positiv zu bleiben.

Etwas zu verändern ist immer schwierig. Über kurz oder lang kommen wir an einen Punkt, an dem uns nicht danach zumute ist weiterzumachen. Anstatt ins Fitnessstudio zu gehen, wie wir es uns so voller Motivation und Euphorie zu Beginn des Jahres vorgenommen haben, wollen wir jetzt lieber auf der Couch liegen und Netflix schauen. Anstatt früh aufzustehen und eine zusätzliche Stunde für uns zu haben, wollen wir jetzt lieber im gemütlichen Bett liegen bleiben. Anstatt weiter in die Pedale zu treten, um auch diesen Berg zu erklimmen, wollen wir jetzt lieber absteigen und fluchend das Fahrrad bis zur Spitze schieben. In jedem Prozess und auf jeder Reise kommen diese Momente, in denen wir nicht mehr den kleinsten Funken Motivation verspüren. Und genau das sind die Momente, auf die es ankommt. Es kostet viel Willenskraft, uns hier, anstatt unseren Neigungen im jetzigen Moment nachzugeben, die den komfortablen Weg bevorzugen, für einen weiteren Schritt in die Richtung unseres eigentlichen Ziels zu entscheiden. Sobald wir die neue Routine aber etwa zwei Monate lang durchhalten, gewöhnen wir uns an diese – sie geht uns in Fleisch und Blut über – und wir müssen gar nicht erst die mentale Anstrengung aufbringen, uns zum Weiterzumachen zu motivieren. Wir müssen also einfach nur immer weitermachen … oder etwa doch nicht?

Loslassen will auch geübt sein: Wann es besser ist aufzugeben

Ich glaube, dass ich beim endlosen Geradeausfahren über keine andere Frage so viel nachgedacht habe wie darüber, ob ich weitermachen oder aufhören soll. Gar nicht auf die Reise nach Peking bezogen, sondern vielmehr auf alle Lebenssituationen, in denen man sich in ein neues, ungewisses Terrain vorwagt oder in denen man vielleicht sogar auf der

Mit 60 Kilogramm Gepäck
einen Berg hochzufahren
habe ich mir nie zugetraut.
Umso schöner aber, wenn
man es dann doch geschafft
hat. Wie bei eigentlich
allem, oder?

Suche nach der eigenen Leidenschaft ist. In denen man einfach mal etwas probiert, was man vorher noch nie gemacht hat, nur um zu sehen, wie gut man darin ist und ob es sich lohnt, hierin die eigene Zeit zu investieren. Was ist, wenn man nicht die Ergebnisse bekommt, die man sich gewünscht oder erwartet hat? Woher weiß man, ob man das Ganze lieber komplett lassen sollte? Ob das, was man neu probiert hat, vielleicht einfach nichts für einen ist? Hat man eventuell kein Talent, und nun ist es an der Zeit, das einzusehen? Oder muss man doch noch ein bisschen am Ball bleiben, bis das Schwierige irgendwann eben leichter fällt? Ab wann sollte man lieber loslassen, anstatt sich auf eine Sache zu versteifen? Ich kannte diese Fragen bereits von einigen Situationen aus meinem Leben, wenn ich versucht hatte, mit irgendetwas zu beginnen, und es dann doch irgendwann wieder aufgab.

Auf dem Fahrrad dachte ich zum ersten Mal wirklich darüber nach, warum dem so war. Warum wir an manchen Dingen dranbleiben und bei anderen unmittelbar wieder aufgeben und alles hinschmeißen. Und auch in der Recherchephase für dieses Buch habe ich mit vielen erfolgreichen Menschen über diese eine Frage gesprochen. Ich habe einige der größten Musiker, Unternehmer, Künstler, Athleten und Entertainer aus ganz Deutschland gefragt, was sie denken, wie man herausfindet, ob man etwas fortsetzen oder doch lieber fallen lassen sollte. Da sie alle unterschiedliche Lebenswege hatten und im Grunde keine großen offensichtlichen Gemeinsamkeiten aufwiesen außer ihren Erfolg in ihrer jeweiligen Domäne, erhoffte ich mir, aus ihren Antworten ein Muster ableiten zu können. Einige von ihnen schienen von klein auf ein offensichtliches Talent für das besessen zu haben, was sie heute tun, während andere viele verschiedene Dinge probiert und wieder aufgehört hatten, aber irgendwann bei einer Sache geblieben waren, bis sie damit erfolgreich wurden. Oft, obwohl ihnen zu Beginn gar nicht danach war, und manchmal sogar, obwohl ihre Freunde und Familie offen an ihren Fähigkeiten zweifelten.

So unterschiedlich ihre Lebensgeschichten und die Wege zu ihren heutigen Leidenschaften auch sind, es gibt eine Sache, die auf alle zutrifft. Und dies ist meiner Meinung nach auch die Grundlage dafür, an etwas Neuem so lange festzuhalten, bis man erfolgreich darin wird. Sie alle wissen, mehr oder weniger, warum sie tun, was sie tun. Wie Tess sagen würde: Sie denken von innen nach außen. Auch wenn einige von ihnen nicht ein eindeutiges Warum im Kopf hatten, als sie begannen, haben sie der Sache wegen weitergemacht und schließlich schnell darin etwas gefunden, das die Arbeit für sie sinnvoll erscheinen ließ. Und selbst wenn sie allein des Geldes oder des Vergnügens wegen mit etwas angefangen hatten, haben sie in meinen Podcast-Gesprächen ausnahmslos darauf verwiesen, dass es das Gefühl war, anderen Menschen zu helfen, das sie überhaupt kontinuierlich motiviert hat und sie auch jetzt noch antreibt weiterzumachen. Die Musikerin, die durch ihre Songtexte Menschen zeigt, dass sie nicht allein mit ihren Gedanken sind, der Autor, der die Bücher schreibt, die er selbst in schwierigen Zeiten gebraucht hätte, aber nicht finden konnte, und der Unternehmer, der das Produkt entwickelt hat, das so vielen Menschen wie nur möglich den Alltag erleichtern soll. All diese Leute haben irgendwann einmal etwas Neues gewagt und konnten dann in schwierigen Zeiten weitermachen, weil sie in der Lage waren, sich vor Augen zu halten, zu welchem Zweck sie das Ganze überhaupt tun.

Ich glaube, die Frage, ob man von etwas ablassen sollte oder doch noch etwas mehr Durchhaltevermögen an den Tag legen muss, kann nur jeder für sich selbst beantworten. Ich für meinen Teil habe gemerkt, dass diejenigen Dinge, die ich schnell wieder aufgegeben habe, eigentlich immer solche waren, die ich aus den falschen Beweggründen angefangen hatte. Ich habe es zum Beispiel wieder aufgegeben, mir selbst das Programmieren beizubringen, weil ich es nur begonnen hatte mit dem Gedanken, dass man damit viel Geld verdienen kann. Ich habe nie richtig Gitarre spielen gelernt, weil ich immer nur vor Augen hatte, wie cool es doch wäre, wenn andere einem beim Musizieren zuhören. Wahrscheinlich würde ich beides heute können, wenn ich es der Sache wegen gewollt hätte.

Allerdings heißt das nicht, dass ich es für unmöglich halte, etwas zu verändern oder zu erreichen, wenn die Motivation irgendwo im Äußerlichen zu finden ist – bei Status, Geld oder Beliebtheit. In der Psychologie spricht man hierbei auch von einer extrinsischen Motivation – im Gegensatz zur intrinsischen Motivation. Auch hier kann man mit genug Willenskraft Erfolge erzielen. Was ich aber glaube, ist, dass es sehr viel schwieriger ist durchzuhalten. Wenn wir also immer wieder an etwas scheitern, erscheint es sinnvoll zu hinterfragen, warum wir dies über-

An alle, die sich öfters Dinge vornehmen ...

... es aber nicht schaffen, sie durchzuziehen. An all die, die auf halbem Weg die Motivation verlieren und sich dann doch lieber damit begnügen, was sie eigentlich unzufrieden macht. Oder an diejenigen, die gar nicht mehr daran glauben, dass sie etwas verändern können. Die nicht einmal mehr Neujahrsvorsätze fassen, weil sie wissen, dass sie diese ohnehin nicht einhalten werden: *Tu es so lange, bis sich eine Gewohnheit einstellt!* Wenn du die Motivation verlierst, dann hör nicht auf deine augenblicklichen Gefühle, sondern entscheide dich für das, was du *wirklich* willst, und nicht für das, was du *gerade*, also in diesem Augenblick willst. Denn um dich dafür zu entscheiden, was du wirklich willst, musst du zwar fast immer deinen inneren Schweinehund bezwingen; gleichzeitig jedoch beruht diese Entscheidung auf deinen wichtigsten Lebenszielen. Im Gegensatz dazu basiert das, was du *gerade* willst, immer auf deinen aktuellen Gefühlen, die dir im Grunde nichts anderes raten, als

haupt wollen, und es dann, wenn der Grund nicht ersichtlich genug ist, gegebenenfalls bleiben zu lassen.

Ich für meinen Teil hätte zum Beispiel spätestens bei den österreichischen Alpen aufgegeben, wenn ich nicht zutiefst daran geglaubt hätte, wie wichtig es ist, dass Kinder zumindest die Chance haben zu lernen und dass Menschen durch Geschichten wie unsere daran erinnert werden, dass sie eben doch etwas verändern können und im Grunde alles erreichen können, was sie sich vorstellen.

Anstrengung zu vermeiden und etwas Vergnügliches zu tun. Netflix schauen, anstatt ein Buch zu lesen, auf der Couch liegen, anstatt ins Fitnessstudio zu gehen, Pizza anstatt Salat zu essen und durch Social Media zu scrollen, anstatt konzentriert zu arbeiten. Deine momentanen Gefühle stimmen fast nie mit deinen langfristigen Zielen überein. Daher musst du dir sagen, dass es ein Du in nicht allzu entfernter Zukunft gibt, welches froh sein wird, dass du nicht aufgegeben hast. Du wirst dir selbst in einem Jahr extrem dankbar dafür sein, dass du heute nicht aufgehört hast.

Und wenn du für lange Zeit immer wieder etwas versuchst, aber es einfach nicht schaffst, dann sei ehrlich zu dir, warum du überhaupt angefangen hast. Wenn der Grund nicht überzeugend genug ist, lass es sein und investiere deine Energie an anderer Stelle. Dies macht dich weder schwach, noch gibt es einen Grund, sich für einen solchen Rückzieher zu schämen. Überleg dir etwas anderes und probier es erneut und erneut. Deine Vergangenheit wird nie deine Zukunft bestimmen.

4. Lektion

Richtung
ist wichtiger als
Geschwindigkeit

Wie auch damals bei mir in Amsterdam setzt jede Entscheidung, etwas anders zu machen, voraus, erst einmal überhaupt zu erkennen, dass der eigene Weg wohl nicht unserem Verständnis eines richtig guten Lebens entspricht und daher auch zweifellos nicht in die für uns richtige Richtung verläuft. Und selbst wenn wir dann die Angst überwinden, den ersten Schritt machen und den Anfang geschafft haben, müssen wir immer wieder innehalten und reflektieren, ob der neu eingeschlagene Weg nun wirklich der richtige ist. Dafür müssen wir uns aber bewusst die Zeit nehmen und dürfen uns nicht permanent mit irgendetwas beschäftigen und ablenken.

Allein zu sein heißt nicht, einsam zu sein: Wie ich auf einer schnurgeraden Straße gelernt habe, bei mir zu sein

Wenn ich mit Leuten über unsere Reise spreche, sieht ihre Vorstellung davon meist so aus, dass Max und ich durchgehend tagein, tagaus nebeneinander hergefahren sind und uns die ganze Zeit unterhalten haben, bis wir eben irgendwann in China angekommen sind. »Ich stelle mir das ungefähr so vor: Ihr steht morgens auf, setzt euch auf die Fahrräder und fahrt los. Dabei sprecht ihr miteinander über alles, was ihr am Straßenrand so seht, teilt eure Gedanken, während ihr fröhlich weiterradelt, bis ihr irgendwann Hunger bekommt. Ihr haltet kurz zum Essen irgendwo an und fahrt danach direkt wieder los bis zum Abend, wenn ihr müde werdet. Dann sucht ihr euch einen Rastplatz, geht schlafen und am nächsten Tag beginnt wieder alles von vorn ...«, meinte meine Großmutter einmal am Telefon zu mir, als wir noch unterwegs waren.

Zugegebenermaßen war das auch ungefähr die Vorstellung, die ich selbst gehabt hatte, bevor wir losreisten. Die Realität sah dann aber ganz anders aus.

Zu Beginn radelten wir tatsächlich permanent nebeneinander her, unterhielten uns aufgeregt darüber, wie die nächsten Monate wohl aussehen würden, oder sangen aus voller Kehle die Songs mit, die aus dem kleinen Bluetooth-Lautsprecher auf meinem Lenker schallten. Das ging die erste Woche so. Dann fand allmählich jeder sein Tempo, in dem er sich am wohlsten fühlte und am besten vorankam. Von da an fuhr Max, der sehr viel schneller war als ich, meist so weit vor mir her, dass ich am Ende der Straße nur noch seine kleine Silhouette sehen konnte. Er schien dann wie ein roter Punkt am Horizont. Natürlich war das nicht immer so, und es gab auch ab und zu einige wenige Tage, an denen ich weiter vorne lag oder an denen wir tatsächlich für mehrere Stunden auf gleicher Höhe fuhren, abwechselnd auf irgendwelche Dinge am Straßenrand zeigten und in längere Unterhaltungen verfielen. Im Normalfall aber strampelten wir, völlig konträr zu allen Vorstellungen, meist komplett allein vor uns hin. Waren bei uns selbst und unseren Gedanken inmitten der stillen, einsamen Landschaften. Ohne jegliche Ablenkung. Und dies oft für mehrere Tage hintereinander – von morgens bis abends.

Für mich, der die letzten Jahre immer in großen, lauten und schnelllebigen Städten gelebt hatte, unmittelbar vor der Reise frisch aus dem Zentrum Amsterdams ins Herz von Berlin gezogen war und definitiv einen typischen Millennial mit einer durchschnittlichen täglichen Handynutzungszeit von über fünf Stunden repräsentierte, war dies wie ein Sprung ins eiskalte Wasser. Auch wenn es mir bisher nicht wirklich aufgefallen war, hatte ich in Berlin nie wirklich Zeit mit mir selbst verbracht. Ich war entweder auf der Arbeit oder mit Freunden unterwegs

**Manchmal vergehen ganze Tage,
an denen man nicht spricht,
sondern nur die Stille genießt.**

gewesen. Und selbst wenn ich allein war, war ich es eigentlich doch nicht. Sobald ich von einem Ort zum anderen lief, nutzte ich die Gelegenheit, um mit Menschen zu telefonieren, die ich sonst nicht so oft zu sprechen bekam, wenn ich beim Sport war, hörte ich die neusten Podcasts, und selbst wenn ich abends im Bett lag oder morgens aufwachte, lief entweder ein Film auf Netflix, oder ich scrollte noch einmal durch meinen Instagram-Feed, um zu schauen, was alle anderen gerade so machten. In diesem normalen Alltag gab es keine Zeit, allein zu sein, einfach mal nichts zu tun und wirklich nachzudenken, da der Strom der Ablenkungen nie abriss. Im Grunde aber haben wir die Zeit sehr wohl – wir nehmen sie uns nur nicht. Der durchschnittliche Bundesbürger schaut etwa 28 Stunden pro Woche Fernsehen – wenn uns aber jemand fragt, ob wir in letzter Zeit etwas Neues gelernt oder eine neue

Erfahrung gemacht haben, ist die Wahrscheinlichkeit groß, dass wir den Kopf schütteln und ausflüchtend antworten: »Wie denn? Dafür habe ich gar keine Zeit.« Wenn uns Wachstum und unsere persönliche Weiterentwicklung aber wirklich wichtig sind, warum ist das so? Warum nehmen wir uns gerade einmal ein paar Minuten im Bett, kurz bevor wir das Licht ausschalten, um mit müden Augen noch ein paar Zeilen zu lesen? Warum verbringen wir jeden Tag um die acht Stunden im Büro, aber schaffen es nicht, uns Zeit für uns selbst zu nehmen, um über die großen Fragen im Leben nachzudenken? Auf dem Fahrrad, komplett gelöst von sämtlichen äußeren Einflüssen, wurde mir nach etwa drei Monaten plötzlich klar, warum. Auf einmal verstand ich, warum wir uns immer in irgendwelche Beschäftigungen flüchten und warum auch mir in der Vergangenheit die Geschwindigkeit stets wichtiger gewesen war als die Richtung: Wir wollen nicht das Gefühl haben, einsam zu sein.

Wir radelten gerade am äußeren Zipfel Griechenlands entlang, und passend zum Anbruch des Monats Dezember machte sich der Winter allmählich bemerkbar. Auf den Gipfeln der weit entfernten Berge sammelte sich der erste Schnee, die Nächte im Zelt wurden zunehmend kälter, und wenn wir morgens aufwachten, prasselte der Regen meist schon auf die dünnen Zeltwände. Oft suchten wir uns leerstehende Häuser oder bauten unser Zelt am Strand unterhalb eines Rettungsschwimmerturmes auf, um überdacht schlafen zu können und am nächsten Morgen nicht mit noch feuchten Sachen weiterfahren zu müssen. Ein nass zusammengepacktes Zelt wiegt nämlich gleich einige Kilogramm mehr auf dem Gepäckträger. Die Küste Griechenlands war so leergefegt, dass es schon unheimlich war. Überall standen verlassene Wohnwagen auf großen abgesperrten Campingplätzen herum, direkt am Meer stießen wir auf geisterhafte Feriensiedlungen, in denen aktuell kein einziger Mensch wohnte, und obwohl wir entlang einer relativ großen Küstenstraße radelten, verging oft mehr als eine ganze Stunde, bis uns ein Auto entgegenkam. Alles war kahl, nass und grau, und wir fuhren teilweise so lange auf den kurvenlosen Straßen geradeaus, dass ich Max immer noch am Horizont ausmachen konnte, obwohl er mehrere Kilometer vor mir war.

Wir waren so bereits einige Tage unterwegs – folgten immer nur stumpf der Straße quer durch die grauen und einsamen Landschaften Griechenlands –, als mich ein Auto langsam überholte. Dabei pressten sowohl der Beifahrer, ein älterer Mann, als auch zwei auf der Rückbank sitzende Kinder, ein Mädchen und ein Junge, ihre Nasen an die Scheiben und sahen mich fasziniert an. Das Mädchen zeigte mit dem Finger auf mich, rief irgendetwas nach vorn, und der weißhaarige Mann auf dem Beifahrersitz nickte beipflichtend. »Wie mag ich für die wohl aussehen?«, schoss es mir durch den Kopf. Max war wieder einmal weit vor mir. Sie würden also denken, dass ich komplett allein durch diese verlassene Landschaft radelte. Sowieso sahen sie hier mit Sicherheit so gut wie nie Fahrradfahrer. Und schon gar nicht zu dieser Jahreszeit. Die gute Laune, die ich den ganzen Tag über beim Geradeausfahren gehabt hatte, war bei diesen Gedanken plötzlich wie weggeblasen. »Ich gehöre nicht hierher«, ging es mir auf einmal durch den Kopf. Ich fühlte mich einsam. Und das nur, weil ich dachte, dass die Menschen im Auto dachten, dass ich es bin. Was für ein Blödsinn! Dabei war ich doch nur allein und hatte mich bis gerade eben auch völlig wohl damit gefühlt.

Ein nasses Zelt wiegt mehr als
doppelt so viel wie ein trockenes.
Deshalb suchen wir Schutz für
die Nacht, wo auch immer wir welchen finden.

Da das Gefühl der Einsamkeit aber auch die nächsten Kilometer nicht verschwinden wollte, begann ich, wie immer, wenn mich auf dem Fahrrad etwas beschäftigte, darüber nachzudenken. Dabei fielen mir sämtliche zurückliegende Situationen in Berlin ein, in denen ich im Grunde genau das Gleiche gefühlt, es dann aber geschickt überspielt hatte. Immer wenn ich zum Beispiel irgendwo allein warten musste, hatte ich automatisch, wie durch einen Reflex, auf einmal mein Handy in der Hand gehabt. Mir fiel eine Situation ein, in der ich am Berliner Hauptbahnhof auf den Zug zu meinen Eltern wartete. Am Gleis angekommen, stellte ich mich zwischen die anderen Menschen, lehnte mich mit einem Arm gestützt auf den vor mir stehenden Koffer und schaute

Insgesamt war ich 267 Tage unterwegs und habe weit mehr als 1000 Stunden auf dem Sattel verbracht. Genug Zeit, um über alles Wichtige nachzudenken.

mir das Geschehen am Bahnsteig an. Es war einer dieser Momente, in denen einem auf einmal auffällt, dass alle um einen herum auf ihren Handydisplays herumtippen, ihre Kopfhörer im Ohr haben und, obwohl sie alle für sich sind, extrem beschäftigt wirken. Daher weiß ich auch noch genau, wie eine Frau, die ein paar Meter neben mir telefonierend auf und ab ging, mich kurz musterte, als wäre irgendwas falsch

mit mir, und auch ich schnell mein Handy in die Hand nahm, um wahl-
los alle Nachrichtendienste und sozialen Netzwerke auf irgendwelche
Neuigkeiten hin abzuchecken. Dabei hatte ich das einige Minuten vorher bereits getan. Aber ich wollte unter keinen Umständen so wirken,
als wäre ich der einzige Mensch, der einfach nur dort stand und allein
wartete. Der nichts zu tun hatte und nicht gerade mit irgendwem irgendwo auf der Welt im Kontakt stand.

Da war es also auch schon früher: das Gefühl der Einsamkeit, wenn ich
allein irgendwo unter Menschen war und mich nicht mit irgendwas
beschäftigte. Und auch dort schon entstand dieses Gefühl lediglich
dann, wenn ich mir vorstellte, wie andere denken könnten, ich wäre
einsam, und nicht, weil ich mich tatsächlich so fühlte. Wir benutzen
unsere Mobiltelefone, um unangenehme Situationen zu vermeiden –
wenn wir uns komisch, gelangweilt oder eben einsam fühlen. Während
ich im Kopf weitere Situationen durchging, die ich so oder ähnlich in
Berlin oder Amsterdam bereits erlebt hatte, wurde mir klar, dass ich nun
besser schnell einen Weg finden sollte, damit umzugehen, da es wohl
unsere ganze Reise über so weitergehen würde. Je exotischer und selte-
ner die Länder werden würden, umso mehr würden die Menschen sich
fragen, was ich denn hier eigentlich mache. Wenn Max mir dann schon
voraus sein würde und ich allein an ihnen vorbeifahren sollte, dann
würde ich mich auf kurz oder lang sicher ziemlich einsam und fehl am
Platz fühlen.

In diesem Moment auf dem Fahrrad habe ich für mich eine wichtige
Entscheidung getroffen: Einsamkeit und Alleinsein von nun an als das
zu sehen, was sie sind, nämlich zwei grundverschiedene Dinge. Allein zu
sein ist ein Umstand, während Einsamkeit ein Gefühl ist. Ich könnte
zusammen mit einer großen Truppe anderer Radfahrer durch eine be-

lebte Großstadt radeln und trotzdem einsam sein, genauso wie ich ganz allein mit meinem Fahrrad inmitten einer großen Wüste sein könnte und dabei keine Spur von Einsamkeit fühlen müsste. Ich beschloss, dass es kompletter Blödsinn wäre, ein Gefühl von einem Umstand abhängig zu machen, und stattdessen lieber die Zeit des Alleinseins zu nutzen, um in Ruhe nachzudenken.

Während der gesamten restlichen Reise und bis zum heutigen Tag, an dem ich hier sitze und diese Worte schreibe, habe ich mich nicht mehr einsam gefühlt, sondern war lediglich oft allein. Ich habe es sogar richtig lieben gelernt, Zeit allein zu verbringen. Es erlaubt mir, mich regelmäßig ehrlich zu fragen, ob gerade alles so läuft, wie ich es mir vorstelle, oder ob ich etwas ändern muss, und wenn dem so ist, mit ungeteilter Aufmerksamkeit weiter Energie in die Dinge zu stecken, die mir am wichtigsten sind.

Aufmerksamkeit ist das wertvollste Gut: Warum Mönche gute Fahrradreisende wären – und Fahrradreisende gute Mönche

Wenn man sich nicht gerade dafür entscheidet, mit dem Fahrrad um die Welt zu fahren, ist man für gewöhnlich Teil einer Gesellschaft – unserer Gesellschaft -, in der Stress, Zeitdruck und Unzufriedenheit allgegenwärtig sind und gleichzeitig immer und überall Ablenkungen auf einen warten. Ich glaube, dass diese Dinge sehr stark zusammenhängen, sich gegenseitig bestärken und sogar das eine das andere hervorruft.

Wer heutzutage wirklich effektiv über seinen eigenen Weg reflektieren möchte, der muss nicht nur mit sich allein sein können, sondern braucht auch eine verbesserte Fähigkeit, sich auf eine Sache zu konzentrieren und andere Reize auszublenden. In diesen Tagen, in denen unsere Aufmerksamkeit eines der am wertvollsten gehandelten Güter ist, müssen wir nicht nur auf unser körperliches Wohlergehen aufpassen, wie wir alle es instinktiv tun, sondern genauso auf unseren Geist achten – damit er an Ort und Stelle bleibt. Wir sind in einer Stunde mehr Stimuli ausgesetzt als unsere Vorfahren in ihrem gesamten Leben. Wer möchte, kann immer und überall sämtliche Inhalte konsumieren, die auf dieser Welt sekündlich generiert werden. Da bringt es einem auch nichts, wenn man gelernt hat, mit sich allein zu sein: Schafft man es nicht, sich von diesem niemals abreißenden Strom an Informationen nicht ablenken zu lassen, dann findet in unserem Kopf ein ständiges Pingpongspiel statt, die Gedanken wandern stets woanders hin, und man wird nie etwas Außergewöhnliches im Hier und Jetzt zustande bringen. Wie David Meyer, ein Wissenschaftler der Universität Michigan, gesagt hat: »Einstein hat die Relativitätstheorie nicht erfunden, während er gleichzeitig im Schweizer Patentamt gearbeitet hat« – er hat sie erfunden, als er wirklich mit vollem Fokus und ungeteilter Aufmerksamkeit darüber nachgedacht hat.

Sollte man sich dem Sog der zigtausend Apps, die eigens im Silicon Valley dafür konzipiert wurden, in unserem Gehirn ähnlich einem Casinoroulette Dopaminausschüttungen zu erzeugen, und der unzähligen Angst und Empörung schürenden Schlagzeilen nicht entziehen können, wird man niemals über diese ungeteilte Aufmerksamkeit verfügen. Dies führt dann automatisch dazu, dass man sämtliche Dinge tut außer denjenigen, die man eigentlich tun will. Und so wird man über die Zeit merklich gestresster, hektischer und irgendwann schließlich auch unzufriedener. Anstatt die Hausarbeit fertig zu schreiben, schauen wir lieber noch eine halbe Stunde Netflix, anstatt ein Buch zu lesen, klicken wir uns noch einmal durch die letzten Instagram-Storys, und anstatt endlich die schon längst überfällige Entscheidung zu treffen, den Job zu kündigen und nach etwas zu suchen, das wirklich unserer Vorstellung von einem richtig guten Leben entspricht, verlieren wir uns doch lieber noch einmal kurz in den noch offenen Threads im WhatsApp-Chatverlauf.

Im tiefsten Inneren aber wissen wir alle, dass, wenn wir uns Ablenkungen zu sehr hingeben, wir unsere Energie an andere Dingen verschwenden, statt auf diejenigen zu verwenden, die uns wirklich wichtig sind. Wir verbringen viel Zeit mit vermeintlich Dringendem und schieben viele der tatsächlich wichtigen Dinge auf. Das tun wir, obwohl wir unterbewusst wissen, dass, falls sich irgendwann die Gelegenheit bieten sollte, das zu tun, was wir wirklich wollen, wir dann möglicherweise nicht mehr die Kraft oder nicht mehr die Zeit dafür haben. Und trotzdem ändern wir nichts. Wir sind inzwischen unvorstellbar gut darin geworden, uns selbst zu täuschen und unserer Unzufriedenheit aus dem Weg zu gehen, indem wir uns so beschäftigt wie nur irgendwie möglich halten. Anstatt ab und an innezuhalten, über die Richtung unseres eigenen Weges nachzudenken und uns mit uns selbst zu beschäftigen, tun wir lieber immer irgendetwas. Mit dem Handy in der Hosentasche haben wir die Möglichkeit, jede stille Minute, die wir mit uns allein ver-

Während der Reise lese ich viel und habe keinen Schimmer, dass ich wenig später selbst ein Buch schreiben werde.

bringen müssten, mit Unterhaltung zu überbrücken. Es ist unser inzwischen in Fleisch und Blut übergegangener Mechanismus, um nicht mit ungeteilter Aufmerksamkeit im Moment sein zu müssen. Und da dies alle tun – alle, während sie am Bahnsteig warten, auf ihr Handy schauen, und der, der es nicht tut, mittlerweile auffallend heraussticht –, ist es beinahe so, als hätten wir, wenn wir es nicht tun, Angst davor, ertappt zu werden, nicht beschäftigt zu sein. Als würden wir uns davor fürchten, dass jemand merken könnte, dass wir nicht gerade mit irgendwem im Austausch stehen. Allein zu warten fühlt sich zunehmend so an, als würden wir einsam warten.

Im Winter legen sich streunende Kangal-Hirtenhunde vor unser Zelt und bewachen uns.

Was wir als kollektive Gesellschaft also tun, ist, uns abzulenken, um Dinge aufzuschieben, die uns eigentlich wichtig sind – nur um dann unzufrieden zu werden, weil wir irgendwann merken, dass wir uns zu viel abgelenkt haben, anstatt daran zu arbeiten, was wir wirklich wollen. Um dieser unterschwelligen Unzufriedenheit daraufhin zu entgehen, lenken wir uns wieder ab und bringen uns auf andere Gedanken. Das ist der Kreislauf, der uns mehr und mehr verlernen lässt, auf uns selbst zu hören, und in dem wir stets beschäftigt sind, um bloß nicht darauf achten zu können, was in uns hochkommt, wenn wir einmal einfach nichts machen – der gesellschaftliche Kreislauf aus Stress, Unzufriedenheit und Ablenkung.

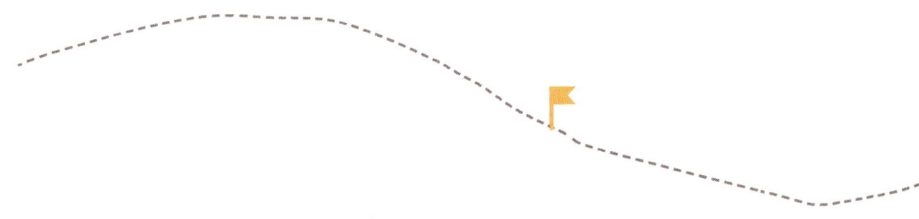

Allein auf dem Fahrrad hingegen war ich von einem auf den anderen Tag nicht mehr Teil dieses Kreislaufs. Plötzlich gab es weder Netflix noch die Bar um die Ecke, in der ich mich spontan mit Freunden treffen konnte, und auch mein Handy war meist irgendwo in den Tiefen einer Satteltasche verstaut. Selbst die Möglichkeiten des Multitaskings sind auf einer Fahrradreise begrenzt. Mit beiden Händen am Lenker und den Blick mehr oder weniger konstant nach vorne gerichtet, ist es eher schwierig, noch viel anderes nebenher zu machen. Das Einzige, was mir blieb, war, meine ungeteilte Aufmerksamkeit meinen Gedanken zu widmen, darüber zu reflektieren, welche Richtung mein Leben genommen hatte und ob ich damit so zufrieden war. Bereits zu Beginn der Reise erinnerte mich das ruhige Fahrradfahren des Öfteren an eine Schweigemeditation, die ich 2014 – vier Jahre zuvor – über zehn Tage in einem thailändischen Tempel gemacht hatte. Dort war ich täglich von morgens um sechs bis abends um sechs Uhr im Meditationsraum gewesen, hatte während der gesamten zehn Tage nicht mit anderen Menschen gesprochen und mich ganz mir selbst gewidmet. Einige Monate nachdem ich wieder nach Deutschland zurückgekehrt war und mich an die Zeit auf dem Fahrradsattel erinnerte, wurde mir klar, dass ich dort sogar noch besser gelernt hatte, meine Gedanken anzunehmen, als in dem Tempel. »Mönche wären sicher gute Fahrradreisende und Fahrradreisende gute Mönche«, dachte ich mir.

An alle,
die nicht für längere Zeit allein sein können ...

... ohne sich einsam zu fühlen. An all die, die ständig Ablenkung suchen aus Angst vor den Fragen, die in ihnen hochkommen, wenn um sie herum alles still steht. Und an diejenigen, die wissen, wie wichtig es wäre, einmal in Ruhe nachzudenken über das, was sie wirklich wollen, aber stets etwas vorschieben, was gerade dringlicher erscheint: *Es ist besser, nur halb so schnell zu sein, aber dafür in die richtige Richtung zu gehen.* Denn wenn du dich nicht auf das hin ausrichtest, was du wirklich und wahrhaftig machen möchtest, dann ist die Gefahr groß, dass du über die Zeit deine Energie mit den falschen Tätigkeiten vergeudest. Und sollte sich dann später die Chance auftun, das zu machen, was du von Anfang an machen wolltest, hast du womöglich nicht mehr die nötige Zeit oder Kraft, deiner eigentlichen Leidenschaft zu folgen.

Falls du nun also bei der Betrachtung deiner selbst feststellst, dass du immer etwas tust und nie einfach nur allein sein kannst, stell dir einmal ehrlich die Frage, ob du damit vielleicht lediglich von dem ablenken möchtest, was du tatsächlich über dich denkst.

Wir glauben stets, dass, wenn wir beschäftigt genug sind, die Wahrheit darüber, wer wir sind oder wie unzufrieden wir tief in unserem Inneren sind, nicht zu uns vordringt. Und es wird uns ja auch einfach gemacht. Im Alltagstrubel werden wir von Informationen und Eindrücken so sehr zugeschüttet, dass es ein Leichtes ist, den Strom des Dringlichen als Vorwand zu nutzen, um vor sich selbst zu rechtfertigen, keine Zeit für die wichtigen, schwierigen Fragen zu finden.

Aber irgendwann, früher oder später, kommen wir alle unweigerlich in Situationen, in denen wir diesen Fragen nicht mehr ausweichen können. Spätestens, wenn ein einschneidendes Erlebnis wie eine Krankheit oder der Tod eines nahestehenden Menschen uns mit unserer eigenen Vergänglichkeit konfrontiert, begreifen wir den Unterschied zwischen wichtigen und dringlichen Dingen. Und ich kann mir beim besten Willen nichts Tragischeres vorstellen, als dann auf die Frage, ob man das Leben führt oder geführt hat, das man wirklich führen will oder wollte, nicht mit Ja antworten zu können.

Halte also immer wieder einmal inne, um nicht vom Strom der Dringlichkeiten mitgerissen zu werden. Versuche, so oft, wie es geht, die Welt durch andere Augen zu sehen, um eine neue Perspektive auf den eigenen Weg zu gewinnen. Und lass dich nicht ablenken von Sachen, die dich nicht vorwärts in die von dir gewünschte Richtung bringen – denn nur, wenn wir uns von kleinen Dingen nicht ablenken lassen, können wir tatsächlich große Dinge vollbringen.

5. Lektion

Die gleiche Welt mit anderen Augen sehen

Während wir so durch das Leben gehen, vergessen wir oft, wie rasend schnell wir uns an Dinge gewöhnen. Was uns am Anfang noch mit Begeisterung und Dankbarkeit erfüllt hat, wird schon kurze Zeit später für selbstverständlich gehalten. Dabei ändert sich in der Regel nichts an dem, was wir sehen, sondern nur etwas daran, wie wir es sehen – unsere Gedanken erschaffen unsere Realität. Um die Dinge mit anderen Augen zu sehen, sollte man immer mal wieder die Perspektive wechseln – mir ist das vor allem im Iran klar geworden.

Fremde sind Freunde, die man noch nicht kennengelernt hat: Wie persische Gastfreundschaft uns aus der Wüste rettete

Am 5. Februar 2019 – 156 Tage nachdem Max und ich aus dem Berliner Volkspark losgefahren waren – radelten wir durch eine völlig neue und für Fahrradfahrer nicht gerade geeignete Gegend. Zumindest ist diese Gegend dann nicht geeignet, wenn man es wie wir ohne ausgiebige Planung tun möchte. Wir waren ein paar Tage vorher im Südwesten des Iran in einer kleinen Stadt nahe der irakischen und türkischen Grenze angekommen und wollten von hier aus so schnell wie möglich das etwa 600 Kilometer entfernte Yazd erreichen, weil wir uns dort mit einem Bekannten verabredet hatten. Von da sollte die Route uns dann durch die Landesmitte nach Isfahan führen, von wo aus wir langsam unseren Weg gen Norden bis in die Hauptstadt Teheran antreten wollten.

Die Vorbereitungen vor der Abfahrt trafen wir wie sonst auch immer eher provisorisch. Zunächst einmal nahmen wir uns ein paar Minuten

Zeit, um im Internet nach möglichen, auf unserem Weg liegenden Sehenswürdigkeiten zu schauen, von denen wir bisher noch nichts wussten. Wir hatten es zu unserer Regel erklärt, stets keinen Umweg zu machen, der länger als 50 Kilometer war, es sei denn, wir wären uns beide absolut einig, dass man etwas unter keinen Umständen verpassen dürfe. In der Türkei hatten wir uns so zum Beispiel spontan dazu entschlossen, einen etwas längeren Schlenker zu fahren, um in einer nahe der Route gelegenen Stadt einen Tag auf die Skipiste zu gehen. Auf der gewählten, vor uns liegenden Strecke bis nach Yazd gab es allerdings nichts, was unmittelbar mit dem Fahrrad erreichbar gewesen wäre.

Als Nächstes checkten wir kurz, ob es bestimmte Gebiete oder Dörfer gab, die man aus Sicherheitsgründen besser vermeiden sollte. Mit dieser Art der Recherche kurz vor einem neuen Streckenabschnitt hatten wir in der Türkei begonnen, als wir über mögliche brisante Routen entlang der syrischen Grenze diskutierten oder über die Durchreise konfliktreicher kurdischer Teile des Landes sprachen. Aber auch hier stießen wir für unsere bevorstehende Strecke bis nach Yazd auf nichts, was uns Unbehagen bereitete.

Und zu guter Letzt zoomten wir über Google Maps einmal nah an den vor uns liegenden Weg heran, um einschätzen zu können, an wie vielen bewohnten Gebieten wir wohl vorbeikommen würden. Der Einfachheit halber warfen wir hier nur einen kurzen Blick auf die Karte, schauten, wo sich viele der kleinen, weißen Straßenlinien trafen, und gingen dann davon aus, dass dies ein Dorf sein müsste. Zu wissen, wie viele, oder oft sogar, ob überhaupt bewohnte Gebiete vor uns lagen, war wichtig, um uns vor der Abfahrt mit ausreichend Wasser und Lebensmitteln zu versorgen. Denn sowohl zu wenig als auch zu viel Proviant kann auf einer Fahrradreise ein fataler Fehler sein: Wer zu viel einpackt, kämpft später bei steileren Bergen mit dem Gewicht, und wer zu wenig kauft – das erklärt sich von selbst. In einem fremden Land irgendwo abseits von anderen Menschen ohne Lebensmittel zu stranden, sollte man tunlichst vermeiden. Und doch passierte uns dieses Mal genau das. Während wir in der Vergangenheit nie Probleme mit unserer groben Schätzung anhand von Google Maps gehabt hatten, wurde uns hier, in dieser doch sehr besonderen Landschaft, schnell klar, dass wir noch genauer auf die Karte hätten schauen sollen.

Es war schon zu einer etwas fortgeschrittenen Tageszeit, und die inzwischen nicht mehr ganz so hoch stehende Sonne warf unsere langen Schatten auf den ausgetrockneten Boden. Wie bereits die letzten drei Tage, seitdem wir aus der kleinen Stadt nahe der irakischen Grenze losgefahren waren, war es während der Mittagszeit so unerträglich heiß geworden, dass wir Schutz im Schatten suchen mussten. So saßen wir unter einem Felsvorsprung auf der steinigen Erde und sprachen darüber, wie wir weiter verfahren sollten. »Wir kommen kaum voran. Wir haben bisher gerade einmal ein Viertel der 600 Kilometer bis nach Yazd geschafft und sind schon vier ganze Tage unterwegs. Und wir haben bereits den 5. Februar und wollten Mitte des Monats in Teheran sein, um unsere Visaanträge für Turkmenistan und China zu stellen. Wir können es uns nicht erlauben, dies sehr viel später zu machen, weil wir dann nicht mehr genügend Zeit haben, um auf die Bewilligungen der Anträge zu warten. Und unser Visum für den Iran ist auch nicht mehr ewig gültig, aber wir müssen von Teheran noch einmal quer durchs Land bis

In der iranischen Wüste sieht man, so weit das Auge reicht, nichts außer braunen Sandstein. Kein guter Ort, um sich zu verfahren.

zur Grenze nach Turkmenistan fahren. Ich weiß gerade ehrlich gesagt nicht, wie wir das schaffen sollen, wenn es so weitergeht«, sagte Max und zeigte auf die am Boden liegenden Räder. »Ja, du hast absolut recht, aber was sollen wir machen? Wenn das Wetter so bleibt, können wir mittags unmöglich fahren«, entgegnete ich und gab zu bedenken, dass wir sonst einen Hitzeschlag riskierten. Außerdem konnten wir aus den beschriebenen Gründen nicht unendlich viel Wasser mit uns führen – dafür hatten wir weder den Platz in den Satteltaschen noch die Kraft in den Beinen. Max nickte langsam. »Stimmt, ich habe nicht einmal mehr eine ganz volle Flasche übrig.« Und in unserer Proviantasche fanden sich auch nur noch ein paar Nüsse und zwei Bananen. »Aber zum Glück können wir ja heute Abend einen Großeinkauf für die nächsten Tage machen. Wie weit ist es noch genau bis zum nächsten Dorf? Dann können wir dort aufstocken und noch mal in Ruhe überlegen, wie es weitergehen soll. Lass uns jetzt langsam weiterfahren.« Ich kramte mein Handy aus der Fronttasche heraus, schaute auf den Screenshot der Karte, den ich vorgestern gemacht hatte, als wir noch Empfang gehabt hatten, und schätzte anhand der Maßstableiste, dass wir noch etwa 30 Kilometer vor uns hatten. »Dann lass uns aufbrechen, im Dorf später ordentlich einkaufen gehen und dort schauen, ob wir irgendwo Internet finden, um noch einmal die genauen Daten zu prüfen, wann wir spätestens aus dem Iran aus- und in Turkmenistan einreisen müssen. Zur Not fahren wir eben ein paar Kilometer per Anhalter irgendwo mit«, sagte Max. Ich stimmte zu, ließ meinen Blick über die endlos weite karge Steinwüste vor uns schweifen und bezweifelte, dass wir hier auch nur irgendwo einem Menschen begegnen würden, der uns – geschweige denn uns mit unseren Rädern und unserem gesamten Gepäck – einsammeln und mitnehmen würde. Zumindest waren uns die letzten zwei Tage nicht mehr als eine Handvoll Autos entgegengekommen. Ich behielt meine Bedenken für mich und packte stattdessen lieber die Wasserflasche und die Spielkarten, die wir als Zeitvertreib auf dem Boden ausgebreitet hatten, zusammen und stopfte beides in meine Satteltasche. Dann schob ich mein Fahrrad raus aus dem Schatten, drehte mich um zu Max und meinte: »Auf geht's, jetzt lässt es sich aushalten.«

Drei Stunden später fuhren wir immer noch auf ein und derselben Straße geradeaus. Obwohl wir so nah nebeneinander radelten, dass ich mit meiner linken Hand Max' Klingel an seiner rechten Lenkerseite hätte bedienen können, wechselten wir kein einziges Wort miteinander. Zu groß waren Durst, Hunger und Anspannung. Besonders letztere stieg von Minute zu Minute weiter an. Seit unserer Mittagspause unter dem Felsvorsprung hatten wir schon wieder weit über 50 Kilometer hinter uns gebracht. Die Verflechtung der weißen Kartenlinien auf Google Maps, die ich fälschlicherweise für ein Dorf gehalten hatte, war nicht mehr als eine stillgelegte Kiesgrube gewesen, die wir vor mehr als einer Stunde passiert hatten. Weder ich noch Max hatten auch nur einen Schluck Wasser übrig, wir waren nun seit mehr als 12 Stunden auf dem Fahrrad unterwegs und restlos erschöpft von der körperlichen Anstrengung und der Hitze. Zudem deutete in der an uns vorbeiziehenden Landschaft nichts darauf hin, dass wir hier irgendwo Menschen begegnen könnten. Seitdem wir heute Morgen aus unserem Zelt gekrochen waren, hatte sich nichts an dem sich uns bietenden Anblick geändert: braune Steine, vertrockneter Boden und in der Ferne hochragende Strommasten, so weit das Auge reichte. Nicht ein einziges Auto war uns entgegengekommen. Inzwischen war auch die Dämmerung hereingebrochen, und wie meist in der nächtlichen Wüste wechselten die Temperaturen von einem Extrem ins andere. Während ich vor ein paar Stunden noch am liebsten mein klebendes T-Shirt ausgezogen hätte, es aber als Schutz vor der prallen Sonne anbehalten musste, fuhr ich mittlerweile mit bis unters Kinn hochgezogener Jacke.

»Wenigstens haben die Schakale den Anstand, sich vorher anzukündigen, bevor sie später um unser Zelt schleichen«, sagte ich grinsend zu Max und deutete nach hinten, von wo immer wieder einmal ein Gejaule zu hören war. Mein Versuch, auf diese Weise die Anspannung zu überspielen, scheiterte kläglich. »Schon wieder nichts. Das kann doch nicht sein«, meinte Max, dem die Verzweiflung sichtlich ins Gesicht geschrieben stand, als wir um eine der wenigen Kurven kamen und sich erneut nichts außer einer endlosen Steinwüste zeigte. »Was machen wir jetzt?«, fragte er. Ich wusste es nicht. »Wir fahren weiter. Jetzt in der Nacht ist es wenigstens nicht so heiß. Alles ist besser, als ohne Wasser durch die Mittagshitze zu fahren. Es wird schon noch etwas kommen«, meinte ich und bemerkte selbst, dass ich nicht sonderlich überzeugend klang. In den vergangenen Stunden hatte ich immer wieder mein Handy herausgeholt, um mich zu vergewissern, nicht doch wieder Empfang zu haben, und dabei kurz die Screenshots inspiziert, die ich vor der Abfahrt von Google Maps gemacht hatte. Wir waren wirklich mitten im Nirgendwo. Die nächste richtig bewohnte Ortschaft war laut meiner Schätzung mindestens noch mal um die 100 Kilometer entfernt. Aber das wollte ich zum jetzigen Zeitpunkt nicht sagen, sondern lieber noch etwas von der Hoffnung zehren. Ich biss also die Zähne zusammen, stellte die Musik mit dem Bluetooth-Speaker auf meinem Lenkrad laut und richtete meinen Blick wieder starr nach vorn.

»Mach mal leiser. Schnell. Ich hör etwas!«, sagte Max eine gute halbe Stunde später, auf meinen Lautsprecher deutend. Ich griff in meine rechte Jackentasche, um mein Handy herauszuholen und die Lautstärke zu reduzieren, da tauchten auch schon zwei Lichter weit hinter uns in der Dunkelheit auf. »Los, komm. Wir müssen uns irgendwie bemerkbar machen.« Wir sprangen von den Rädern, ließen sie rechts und links am Straßenrand fallen und nahmen unsere Vorderlampen vom Lenkrad ab,

Der weiße Pick-up: Ich war noch nie zuvor so glücklich darüber, ein Auto zu sehen.

um sie in der Luft herumzuschwenken. Dabei hüpften wir auf und ab und schrien wie wild. Die Lichter waren inzwischen größer geworden, und man konnte deutlich zwei runde Scheinwerfer erkennen, die sich von dem Schwarz der Nacht abhoben. »Es ist ein Auto. Wir müssen es anhalten!«, rief ich und winkte heftig. »Es bremst ab! Schau, es hält an!«, schrie Max und lief auf das inzwischen gut 20 Meter vor uns zum Stehen gekommene Auto zu. »Max, pass auf!« Ich eilte ihm hinterher. Meine Gedanken spielten verrückt, was alles passieren könnte. Ich wusste nur eines: Wenn ich mitten in der Nacht durch die Wüste fahren würde und in der Ferne zwei fremde Männer die Straße versperren und mich mit Lichtzeichen zum Anhalten auffordern würden, dann würde ich wahrscheinlich nicht tun, was sie sagen. Aber meine Vorsicht schien wohl unangebracht, und der Iran zeigte sich wieder einmal von seiner gastfreundlichen Seite. »Hol die Räder! Er nimmt uns mit!«, rief Max mir aufgeregt entgegen und deutete auf die Ladefläche des uralten weißen Pick-ups.

Fahrdi, so hieß unser Retter, sprach, wie so ziemlich jeder, der hier im Iran auf dem Land lebte, kein Wort Englisch. Nachdem wir ihm mit Händen und Füßen erklärt hatten, was uns passiert war, schenkte er uns sofort aus seiner Thermoskanne mehrere Tassen Chai ein und gab uns zu verstehen, dass es etwa eine Stunde Fahrt bis zu ihm nach Hause sei und wir dort schlafen und essen könnten. Dann nahm er sein uraltes Telefon zur Hand, tippte auf den kleinen Tasten und sprach aufgeregt

Man braucht wahrlich nicht viel,
um anderen viel zu geben.
Hier lehnen unsere Fahrräder
an der maroden Lehmwand.

auf Farsi mit jemandem am anderen Ende. »Warum hat er Empfang, und wir bekommen nicht einmal einen Balken? Und wen ruft er an?«, fragte ich Max, zuckte aber im selben Moment mit den Schultern und fügte hinzu: »Na ja, ist auch egal. Jetzt können wir eh nichts mehr tun.« Max raunte: »Was wir dann doch für ein Glück haben! Da kommt hier mitten in der Nacht jemand langgefahren, hat genug Platz für unsere

Räder und lädt uns auch noch zu sich nach Hause und zum Essen ein.«
Ich nickte zustimmend, warf Fahrdi einen dankbaren Blick zu und
schlief ein.

Ich wachte erst wieder auf, als der Pick-up ruckartig zum Stehen kam
und Max mich mit seinem Ellbogen anstupste. Fahrdi deutete nach
draußen, wo die Scheinwerfer ein kleines, unscheinbares Haus aus
Lehm erkennen ließen, und gab uns mit Gesten zu verstehen, dass dies
sein Zuhause sei. Dann machte er weitere Handzeichen, indem er seine
Hände rechts über seinen Kopf hob und andeutete, etwas Schweres ent-
gegenzunehmen. »Ich glaube, er meint, dass wir die Fahrräder runter-
nehmen sollen«, sagte Max und deutete fragend auf die hinter uns auf
der Ladefläche festgezurrten Räder. Fahrdi nickte, machte wieder die
Bewegung und führte danach einen unsichtbaren Löffel zum Mund.
Wir nickten lachend, und ich sagte: »Really hungry«, während ich mir
mit einer Hand den Bauch rieb. Dann stiegen wir aus und machten uns
daran, die Räder vom Auto zu hieven, sie zum Haus zu schieben und sie
dort an die Außenwand zu lehnen. Fahrdi öffnete in der Zwischenzeit
unter lautem Quietschen die kleine hölzerne Eingangstür des Hauses,
das so aussah, als würde es beim nächsten Regen weggespült werden,
und bedeutete uns, an ihm vorbei einzutreten.

Das Haus war von drinnen noch karger, als es von außen aussah. Die
Wände und Böden bestanden nur aus grob verputztem Lehm, es lagen
ein paar alte Teppiche herum, und das Licht kam von einer einzigen
kleinen Glühbirne, die von der Decke herabbaumelte. Fahrdi schob sich
in dem engen Flur ganz aufgeregt an uns vorbei und öffnete eine kleine
Tür zu unserer Rechten, von wo aus er uns in das einzige Zimmer des
Gebäudes führte. Nachdem ich einen Schritt über die Schwelle des
Raumes getan hatte, nahm ich als Erstes den Geruch von Essen wahr.

Ich war so durstig und erschöpft gewesen, dass ich meinem knurrenden Magen gar keine Beachtung geschenkt hatte. Aus der linken Ecke des Zimmers, die man wegen einer kleinen Trennwand nicht vollständig einsehen konnte, kam eine Frau und begrüßte uns lächelnd. Fahrdi zeigte auf den Ring an seiner Hand, dann auf die Frau und stellte sie uns als Ayla vor. Kurze Zeit später saßen wir auf dem Lehmfußboden auf ausgebreiteten Plastikteppichen und aßen Reis mit Hühnchen.

Alles eine Frage der Dankbarkeit: Was ich im Iran über ein gutes Leben gelernt habe

Während der Mahlzeit unterhielten wir uns mit Händen und Füßen mit Fahrdi und Ayla und versuchten, ihnen zu erklären, dass wir tatsächlich aus Deutschland bis hierher mit den Fahrrädern gefahren waren und Geld für den Bau einer Schule sammelten. Ich bin mir bis heute nicht sicher, ob Fahrdi verstand, was wir meinten, aber er drückte mir auf einmal einen persischen Geldschein in die Hand, lächelte uns an und machte ein Zeichen mit seinem Daumen, als würde er uns mitteilen wollen, wie gut er unsere Aktion fände. »Das können wir nicht annehmen. Auf keinen Fall«, raunte ich Max zu und versuchte vergeblich, Fahrdi zu verstehen zu geben, dass er bereits mit der Mahlzeit unseren Tag gerettet hatte. Dieser aber weigerte sich, das Geld zurückzunehmen, und legte nur immer wieder lächelnd beide Hände auf seine Brust und neigte seinen Kopf leicht nach vorn, als würde er sich dafür bedanken, dass wir bei ihm zu Gast waren.

Überall im Iran teilen die Menschen ihr Zuhause, ihr Essen und ihre Geschichten mit uns.

Wie herzlich und selbstlos Fahrdi und Ayla aber tatsächlich waren, zeigte sich am nächsten Morgen, als ihr Sohn zum morgendlichen Tee vorbeikam und uns danach in das immer noch 40 Kilometer entfernte Dorf brachte, damit wir dort Wasser und Essen kaufen könnten. Noch während des Frühstücks, das wir wieder auf dem Teppich sitzend einnahmen, erzählte er mir in seinem gebrochenen Englisch etwas, das mich so beeindruckte, dass ich die Welt seitdem tatsächlich mit anderen Augen sehe.

»Mein Papa ist euch sehr dankbar«, sagte er.

»Er ist uns dankbar? Wofür? Wir sind ihm dankbar. Ohne ihn wären wir wohl immer noch irgendwo in der Wüste«, meinte ich irritiert.

»Er ist euch dafür dankbar, dass ihr seine Gäste wart. Dass er euch kennenlernen durfte und dass ihr so offen und ohne Vorurteile mit ihm gesprochen habt. Und er bedankt sich dafür, dass ihr etwas für andere tut – das tun die wenigsten. Wisst ihr, es kommen nicht viele Leute hier vorbei, und selbst wenn, hätten meine Eltern ihnen auch nicht viel anzubieten. Aber wenn es einmal Besuch gibt, dann ist es etwas ganz Besonderes für sie.«

»Aber wir sind doch seine Gäste. Wir sind dankbar für alles, was deine Eltern für uns getan haben«, meinte ich verwirrt.

»Siehst du, dann sind wir jetzt alle dankbar. Ihr seid dankbar, dass ihr ein Dach über dem Kopf und Essen hattet, meine Eltern sind dankbar, dass ihr ihnen Gesellschaft geleistet habt, und ich bin dankbar, dass ich euch noch kennenlernen durfte«, sagte er lachend.

Von allen Menschen, die mir von der Reise in Erinnerung geblieben sind, haben vor allem Fahrdi und Ayla meine Perspektive geändert. Während ich vorher dachte, dass vor allem die Menschen ein richtig gutes Leben haben, die besondere Dinge erleben – einen besonderen Beruf haben, besonderen Hobbys nachgehen oder vielleicht sogar nur besondere Reiseziele anstreben –, haben die beiden mir gezeigt, dass es wohl eher die Menschen sind, die sich die Mühe machen, anderen eine besondere Zeit zu schenken. Die Menschen, die dankbar sind, wenn es anderen gut geht. Ich glaube, dass in unserer schnelllebigen Welt immer weniger Platz für Dankbarkeit und Wertschätzung bleibt und dass diejenigen, die sich die Zeit dafür nehmen, wahrscheinlich ein richtig gutes Leben haben.

An alle,
die oft vergessen,
wie gut es ihnen geht.

An all jene, die eher sehen, was ihnen fehlt, als all das, was sie bereits in ihrem Leben haben. Oder an diejenigen, die Schwierigkeiten damit haben, das Gute in ungünstigen Umständen zu sehen:
In Zeiten, in denen es häufig nur darum geht, mehr Likes, Geld, Aufmerksamkeit oder Anerkennung als andere zu erhalten, und wir uns dank Social Media mit Menschen auf der ganzen Welt vergleichen können, sind Perspektivenwechsel wohl mit das größte Geschenk an uns selbst.
Dein Leben wird sich niemals verändern, solange du nicht auch änderst, was du täglich tust. Nicht sehr viel anders verhält es sich mit deinen Gedanken: Wenn du heute nicht wertschätzen kannst, was du hast und wer du bist, dann wirst du mit großer Wahrscheinlichkeit auch in der Zukunft nicht wertschätzen können, was du dann bekommen hast. Richte deine Aufmerksamkeit daher einmal darauf, was du alles hast und wofür es sich dankbar zu sein lohnt; und wenn du einen guten Tag haben möchtest, mach es wie Fahrdi: Tu Gutes! Alles andere liegt außerhalb deiner Kontrolle.

6. Lektion

Hürden nehmen und aus Fehlern lernen

Haben wir die Entscheidung getroffen, unseren eigenen Weg zu gehen, es geschafft, uns von den Meinungen anderer nicht entmutigen zu lassen, immer wieder über die Richtung reflektiert und somit den schwierigen Anfang gemacht, dann wartet nach wie vor eine der wichtigsten Lektionen auf uns: unser Umgang mit Hindernissen. Für jemanden wie mich, der sich vor der Reise oft von Kleinigkeiten hat entmutigen lassen, ist dies wohl die schwierigste Lektion von allen. Und der einzige Grund, warum ich jemals in Peking angekommen bin, ist der, dass ich mitten in einem Tunnel in der Türkei angefangen habe, Hindernisse als das zu betrachten, was sie wirklich sind: nämlich immer auch große Komplimente an uns und unsere Fähigkeiten.

Hindernisse als Komplimente verstehen: Wie ich fast an einem Tunnel gescheitert wäre

Max und ich hatten wirklich so wenig wie nur irgend möglich geplant, bevor wir im September 2018 in Berlin auf unsere Räder gestiegen sind. Ich glaube nicht, dass nur eine Handvoll Menschen jemals eine Radreise mit so wenig Vorbereitung und Training begonnen haben wie wir. Eine Sache aber, über die wir uns bereits zu Beginn Gedanken gemacht

Meine Ausdauer und Motivation
wird auf die Probe gestellt,
als auf einmal der türkische Winter
über uns hereinbricht.

Über Nacht fällt meterweise Neuschnee. Oft müssen wir die Räder schieben oder tragen.

hatten, war, wie es wohl im Winter auf dem Fahrrad werden würde. Ich kann mich noch haargenau an meine Worte erinnern, als ich in Max' Wohnzimmer in Amsterdam saß und laut darüber nachdachte, wann denn eigentlich der beste Zeitpunkt sei, um mit unserer Radreise zu beginnen: »Wenn wir neun Monate lang einmal um die halbe Welt fahren, werden wir so oder so irgendwann irgendwo in den Winter geraten. Dann lass uns doch lieber so schnell wie möglich nach unserem Abschluss im August losradeln, damit wir in dieser kalten Zeit durch die Türkei fahren und nicht später bei Schnee und Eis durch Turkmenistan oder Kirgisistan müssen. In der Türkei wird der Winter doch wahrscheinlich milder sein.« Genau das habe ich gesagt. Viereinhalb Monate später saß ich auf meinem Fahrrad und musste feststellen, was für eine grandiose Fehleinschätzung dies gewesen war.

Am 19. Januar 2019 startte ich mit meiner Gletscherbrille auf der Nase durch den kleinen Spalt meiner Sturmhaube geradeaus auf die gefrorene Straße, um trotz des nasskalten Schnees, der mir vom Gegenwind ins Gesicht gepeitscht wurde, dem gelben Seitenstreifen folgen zu können. Ich konnte einfach nicht glauben, wie bitterlich kalt es war. Zehn Tage war es nun her, dass wir von der Küstenstraße entlang des Schwarzen Meeres abgebogen waren, um über das türkische Hochlandgebirge bis in den Iran zu fahren. Inzwischen verstand ich die vielen ungläubigen Gesichter der Einwohner, als wir ihnen erzählt hatten, wohin wir unterwegs waren. Während wir vor zwei Wochen noch in Fleecejacke mit einer frischen Meeresbrise in den Lungen täglich um die achtzig Kilometer zurückgelegt hatten, waren es nun minus 28 Grad Celsius, und sowohl die stetige Steigung als auch die mittlerweile bei 2000 Metern liegende Höhe, auf der die Luft ziemlich dünn wurde, sorgten für ein eher zähes Vorankommen. Über die letzten Tage hinweg war es mit zunehmender Steigung zwar immer kälter und kälter geworden, aber niemals hätte ich mir träumen lassen, dass ich mich mit meinem Fahrrad in solch einer Umgebung wiederfinden würde.

Die kleine einsame Gebirgsstraße, auf der wir uns befanden, war der einzige Abschnitt weit und breit, der nicht aus unberührtem Schnee und einer dicken Eisschicht zu bestehen schien. Aber selbst von dieser war teilweise nicht mehr allzu viel zu sehen, und so passierte es immer wieder, dass ich mein schwerbeladenes Fahrrad durch die Schneedecke stemmte und die dünnen Gummireifen auf der darunterliegenden spiegelglatten Eisschicht keinen Halt fanden. Dann trat ich meist kurz ins Leere, bevor ich mich entweder rechtzeitig mit einem Bein abfing oder aber seitlings auf den vereisten Asphalt knallte. Da die an uns vorbeipreschenden Lastwagen im eisigen Wind bedrohlich hin und her wankten und die Fahrer durch den aufgewirbelten Schnee wohl kaum mehr sehen konnten als ich selbst, hatte ich jedes Mal, wenn ein solcher Laster uns passierte, Angst, dass ich zur falschen Seite stürzen und auf der Straße unter dessen Rädern landen könnte.

Diese Mischung aus Höhenluft, körperlicher Anstrengung und Anspannung durch die vorbeirauschenden Lastwagen ließ mein Herz heftig pochen, und dennoch orientierte ich mich, so gut es eben ging, immer weiter an der gelben Seitenlinie und versuchte gleichzeitig, den großen Schneehaufen auszuweichen. Dabei blickte ich wieder und wieder auf meinen Tachometer, der mir die aktuellen Höhenmeter anzeigte, und hoffte, endlich den angepeilten 2400 Metern näher zu kommen. Bis hierhin würden wir so weiterfahren müssen, und erst dann würde es

Bei minus 28 Grad Celsius und auf über 2000 Höhenmetern frieren mir endgültig die Wimpern zu.

bergab gehen, wobei es langsam, aber sicher wieder wärmer werden würde. Nach etwa einer Stunde Abfahrt sollte – einem Reiseblog zufolge – schließlich ein kleines Bergdorf kommen, in dem es sogar eine Unterkunft geben würde. Dies war unser Ziel für heute. Bis dorthin mussten wir es schaffen, denn draußen im Zelt zu schlafen war für heute keine Option.

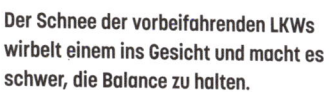

Der Schnee der vorbeifahrenden LKWs wirbelt einem ins Gesicht und macht es schwer, die Balance zu halten.

Beinahe zwei Stunden später war vom Gipfel noch keine Spur zu sehen, und ich strampelte nach wie vor im niedrigsten Gang die vereiste Straße hinauf. Meine Kopfhörer, mit denen ich motivierende Musik für den Aufstieg gehört hatte, waren von der Kälte eingefroren und kaputt gegangen, meine Brille musste ich abnehmen, da sie zu sehr vereiste, um durch die Gläser noch etwas sehen zu können, und das Wasser in meinen Trinkflaschen war gefroren. Zudem musste ich alle paar Hundert Meter kurz anhalten, um eine Hand aus dem Handschuh zu ziehen, sie mit Spucke zu befeuchten und damit meine Wimpern zu enteisen. Alles in mir sträubte sich gegen jeden weiteren Tritt in die Pedale, und ich konnte über nichts anderes mehr nachdenken als darüber, wann wir denn endlich diesen verfluchten Gipfel erreichen würden. »Was machen wir hier nur? Ich hasse jede Sekunde dieser Reise. Warum bin ich nur jemals auf diesen Fahrradsattel gestiegen?«, waren nur ein paar der Gedanken, die mir durch den Kopf schossen. Obwohl wir bereits auf über 2400 Meter waren, schien es immer noch leicht bergauf zu gehen, und gerade als ich anfing, wirklich in Panik zu geraten, ob wir uns vielleicht falsch informiert hatten, entdeckte ich Max in seiner roten Jacke ein paar Hundert Meter vor mir. Er winkte mir zu und gab mir mit seinen Händen zu verstehen, dass er dort auf mich wartete. Meine Frage, warum er denn nicht weiterfuhr und stattdessen in der Kälte stehend auf mich wartete, wurde beantwortet, als ich näher kam und langsam den weiteren Straßenverlauf erkennen konnte.

Etwa 100 Meter hinter Max tat sich eine massive Felswand mit einem pechschwarzen, runden Tunnelloch in der Mitte auf. Ich stöhnte auf und erinnerte mich an die einzige Sache, worin sich alle Fahrradblogs und Reiseberichte, die wir über die Türkei gelesen hatten, ausnahmslos einig waren: »Fahrt bloß nicht durch die Tunnel. Keiner sieht euch dort, und ihr wärt nicht die ersten Fahrradfahrer, die von einem Lastwagen dem Erdboden gleichgemacht wurden, ohne dass auch nur irgendjemand anhält.« Ich konnte nicht glauben, dass nach all den Strapazen der letzten Tage nun auch das noch auf uns warten sollte. »Auf keinen Fall fahre ich durch diesen Tunnel. Auf gar keinen Fall. Niemals!«, sagte ich immer wieder zu mir selbst, während ich die letzten paar Meter auf Max zuradelte.

Fünfzehn Minuten später fand ich mich in dem stockdunklen Tunnelschacht wieder. Zwar waren wir noch kurz abgestiegen und hatten rechts neben der Straße geschaut, ob es so etwas wie einen kleinen Trampelpfad um den Felsen herum gab, wurden aber bitterlich enttäuscht. Direkt neben dem Tunneleingang erstreckte sich einzig und allein ein steiler Abhang in die gähnende Leere. Wenn wir also nicht umkehren und uns stundenlang den mühsam hochgekämpften Berg wieder hinabrollen lassen wollten, dann führte kein Weg an dem drei Kilometer langen, furchteinflößenden Tunnel vorbei. So stand ich also da im Dunkeln und drückte mich so sehr an die eiskalte Betonmauer,

Bisher haben wir gerade mal
4000 Kilometer geschafft und
noch über 11 000 vor uns.

dass ich förmlich spüren konnte, wie der Abgasruß der vielen Tausend Lastwagen sich von der steinernen Wand auf meine gesamte rechte Körperhälfte abrieb. Gleichzeitig war die Wand so kalt, dass meine Haut bei jeder Berührung brannte. Aber das war mir egal – ich wollte einfach nur so viel Abstand wie nur irgend möglich zu den an uns vorbeirauschenden Lastwagen halten, die ich, wenn ich drei Schritte nach links gegangen wäre, im Vorbeifahren hätte berühren können.

Viele Dinge auf der Reise hatten sich als viel einfacher erwiesen, als wir es vorher angenommen hatten. Der Tunnel aber gehörte nicht dazu und war tatsächlich noch schlimmer, als ich es mir vorgestellt hatte. Das lag vor allem daran, dass er ganz anders konstruiert war als all die Tunnel, durch die ich zuvor in Europa, geschweige denn auf deutschen Straßen

121

gefahren war. Es gab nicht ein einziges Licht, und der seitliche Bordstein, auf dem ich vorsichtig einen Fuß vor den anderen setzte, war
gerade dann breit genug für mich, wenn ich mich mit der Schulter entlang der Wand schob und mein Fahrrad währenddessen mühselig mit
den Reifen am leicht erhöhten Bordstein schleifend neben mir her-
zerrte. Der Bewegungsablauf bestand also darin, den Körper an die
Wand zu drücken, einen Schritt nach vorne zu machen und schließlich
mit schmerzender Schulter das Fahrrad samt vollgepackter Satteltaschen
hinter mir herzuziehen, ohne dass es umfiel. Die einzige Beleuchtung,
über die ich verfügte, war die kleine Vorderlampe an meinem Lenkrad,
dessen Lichtkegel bis etwa knappe zwei Meter vor mir reichte. Alles
andere um mich herum war pechschwarz. Selbst von Max, der sich
nicht viel weiter vor mir abquälte, um voranzukommen, sah ich nichts
außer einem kleinen Lichtstrahl. Die Umrisse von ihm und seinem
Fahrrad wurden komplett von der Dunkelheit verschluckt.

Alle paar Minuten fingen die Wände förmlich an zu wackeln, und der
Boden vibrierte dermaßen stark, dass mein Kopf zu schmerzen begann.
Beim allerersten Mal dachte ich, der Tunnel würde gleich einstürzen,
und konnte mich trotz Max' Zuruf, dass es nur ein Lastwagen sei, der
gerade in den Tunnel hereingefahren war, nicht mehr bewegen. Wie
angewurzelt stand ich da, und als der Lärm im pechschwarzen Tunnel so
laut wurde, dass ich mir am liebsten die Ohren zugehalten hätte, wenn
ich nicht mein Fahrrad hätte halten müssen, schaute ich nach hinten,
woher das Grollen kam. Als der Lastwagen hinter der zurückliegenden
Tunnelbiegung auftauchte und wie ein großes bedrohliches Flutlicht
auf uns zuraste, schien mir in diesem Moment ausgemacht, dass er uns
jetzt einfach mitreißen würde. Alles in mir schrie danach, irgendetwas
zu tun, aber ich stand einfach nur da, schloss die Augen und drückte
mich so stark an die Betonwand, dass meine Schulter taub wurde. Dann

war auf einmal alles vorüber. Der Lastwagen rauschte erst an mir, dann an Max vorbei und verschwand leiser werdend hinter der nächsten Tunnelbiegung. »Los, lass uns hier rauskommen«, rief Max von vorn, und der kleine Lichtkegel seiner Lampe setzte sich wieder in Bewegung. Ich aber stand weiterhin wie angewurzelt da, während der Lärm immer noch in meinen Ohren dröhnte. Obwohl ich wusste, dass ich vorwärts musste, um tunlichst schnell diesen Tunnel hinter mir zu lassen, gehorchte mein Körper mir nicht. Mein Beine wollten nicht mehr gehen, meine Schulter brannte wie Feuer, und allein bei dem Gedanken, dass wir wahrscheinlich gerade einmal ein Viertel der Strecke durch die Finsternis hinter uns gebracht hatten, verließ mich jeder Mut. So stand ich eine Zeit lang einfach nur da und tat überhaupt nichts – weder denken noch mich bewegen. Erst als der nächste Lastwagen einfuhr und die Wände wieder zu vibrieren schienen, kam das Leben in mich zurück. Ich schaute mich um und konnte keine Spur von Max' Lichtkegel entdecken – zu weit war er schon vorn in der Annahme, dass ich direkt hinter ihm folgen würde.

Hin- und hergerissen, was ich machen sollte – ob ich mich an die Wand gedrückt hinsetzen sollte oder ob ich nach vorn oder zurück gehen sollte –, und kurz davor, in Panik zu geraten, fing ich an, mir selbst eindringlich Mut zuzusprechen: »Du musst hier so oder so durch – da kannst du auch weiter geradeaus gehen. Das Ganze ist doch im Grunde ein Riesenkompliment! Ob irgendwer Max und dir nun diese Herausforderungen schickt oder ihr sie euch durch eure Entscheidungen selbst gesucht habt, alle Menschen bekommen immer solche, die sie im Grunde auch irgendwie schaffen können. Und je mehr sie bewältigen, desto stärker wachsen sie selbst daran und desto größer und fordernder werden diese mit der Zeit. Also nimm die letzten Tage und jetzt diesen Tunnel gefälligst als ein riesengroßes Kompliment dafür, dass irgendwas oder irgendwer dich für stark genug hält, um auch das zu schaffen, und lauf endlich los, um hier rauszukommen.«

Ich bin mir bis heute nicht sicher, woher dieser Impuls kam, Hindernisse als Komplimente zu sehen, aber ich weiß auch nicht, wie ich ohne diese Idee jemals den Tunnel hätte durchqueren sollen. Der Perspektivenwechsel, dass Schwierigkeiten auch etwas Positives sein können, löste die Schockstarre, in der ich mich befand, und befähigte mich dazu, mich wieder in Bewegung zu setzen und somit kurze Zeit danach endlich den Tunnel heil zu verlassen.

Eine warme Dusche, ein gutes Essen und eine erholsame Nacht später war das Tunnelerlebnis wieder halbwegs vergessen. Was ich allerdings nicht so schnell wieder vergessen konnte und was mir auch heute noch in schwierigeren Zeiten hilft, ist der Ansatz, Hindernisse als Komplimente zu sehen. Wir alle erleben Momente der Unsicherheit und Überforderung, in denen wir unser Tun hinterfragen. Es ist egal, wie alt wir sind, wie viel wir bereits erlebt haben oder als wie gelungen wir unser Leben betrachten, es wird immer etwas Neues geben, das uns herausfordert. Auch wenn man nicht gerade auf einer Fahrradreise um die Welt ist: Wir sind nie so weit gekommen, nur um so weit gekommen zu sein. Es wird immer Probleme geben, für die Lösungen gefunden werden müssen. Und je größer das Problem, umso mehr werden wir daran wachsen. Am Ende kommt es nur darauf an, dass wir Herausforderungen als Chancen sehen und verstehen, dass jedes Problem, das wir jetzt lösen, uns in der Zukunft erspart bleiben wird. Vorausgesetzt natürlich, dass wir aus ihm lernen.

Aus Fehlern wird man klüger:
Was ich nun über Camping mit Bären weiß

Seit meiner Rückkehr habe ich unzählige Male von der Reise erzählt. Vor allem in den ersten paar Wochen war die Zeit, die ich auf dem Fahrradsattel verbracht hatte, bei jeder Begegnung das Gesprächsthema Nr. 1 – ob ich wollte oder nicht. Beim ständigen Erzählen ist mir aufgefallen, dass ich stets am ehesten ausführlich über die Momente spreche, die ich zu der Zeit, als sie passiert sind, am allerschlimmsten fand. Man könnte sagen, dass paradoxerweise die schwierigsten Augenblicke zu meinen eindrücklichsten Erinnerungen geworden sind. So habe ich immer wieder den unterschiedlichsten Menschen geschildert, wie wir uns direkt in der zweiten Woche mit vollbepackten Fahrrädern über die österreichischen Berge gequält haben, wie wir ohne Wasser in der iranischen Wüste von Fahrdi gerettet wurden oder wie uns in Turkmenistan Geheimagenten überprüften. Ich erzähle von dem Bergaufstieg bei minus 28 Grad Celsius und meiner Schockstarre in dem mir endlos erscheinenden Tunnel. Was aber alle diese Momente, bis auf den Vorfall in der iranischen Wüste, der maßgeblich wegen schlechter Vorbereitung passierte, gemeinsam hatten, ist, dass wir nichts für ihr Eintreten konnten. Sie wären so oder so passiert. Sosehr ich es mir auch gewünscht hätte: Das Wetter im türkischen Hochlandgebirge wäre durch mich nicht besser geworden, und einen Trampelpfad um den Tunnel herum hätte es auch nicht plötzlich gegeben, nur weil ich danach verlangt hätte. Die Dinge waren eben so, wie wir ihnen auf der Reise begegneten. Und sie waren so, nicht weil wir einen Fehler gemacht hatten, sondern einfach, weil die Umgebung auf unserem Weg von Berlin nach Peking es schlichtweg mit sich brachte. Es gab allerdings einen Moment auf unser neunmonatigen Reise, in dem es anders gewesen ist. Ein Moment, der nur passierte, weil wir tatsächlich einen folgenschweren Fehler gemacht hatten. Und wohl trotzdem – oder vielleicht auch gerade deshalb – ist das der Moment, von dem ich am meisten erzähle.

Max und ich hatten gerade die Grenze von Kroatien nach Bosnien überquert und fuhren nun die ersten Kilometer auf bosnischem Boden entlang einer kargen Schnellstraße direkt am Meer. Auf der Landseite zu unserer Linken verlief eine kleine Steinmauer, hinter der ein undurchsichtiges Dickicht aus trockenen Kiefern auf einer felsigen Landschaft hervorragte. Zu unser Rechten hingegen wuchs das gleiche Buschwerk auf einem schmalen Landstreifen von nicht mehr als einem Kilometer Breite, der direkt in die vom Wind aufgepeitschte Adria mündete. Es war eine dieser Straßen, die einem ein bisschen fehl am Platz inmitten der Natur erscheinen und bei denen man sich sofort fragt, wie hier wohl die Bauarbeiten vonstattengegangen waren. Ich zumindest konnte mir nicht vorstellen, wie sich ein Bagger den Weg durch dieses dicht verwilderte Grün bahnen sollte. Geschweige denn ein Bauarbeiter. Schon die vor Wildschweinen und Bären warnenden Schilder zeigten, dass hier eigentlich kein betonierter Fahrweg hingehört, der eine Schneise quer durch den sonst gänzlich unberührten Wald schlägt.
»Na ja, für uns ist es gut. Wer weiß schon, wo wir sonst hätten langfahren müssen, um nach Bosnien zu kommen«, dachte ich mir und trat weiter in die Pedale.

Da wir erst am frühen Nachmittag aus der kroatischen Grenzstadt losgefahren waren, stand die Sonne bereits tief, als wir die Straße entlangfuhren und uns wieder einmal über unsere mangelnde Planung ärgerten. Wir wussten beide, dass wir problemlos Stunden zuvor die Grenze hätten überqueren können, wenn wir nur etwas früher das Bett verlassen hätten, und es war rückblickend betrachtet völlig klar, wie einfach wir hätten vermeiden können, nicht schon wieder in die uns bereits bekannte Bredouille zu geraten, keinen geeigneten Schlafplatz zu finden. Aber dafür war es nun zu spät, und abermals, wie bereits so oft zuvor, fanden wir uns mitten in einer für Fahrradfahrer nicht gerade einladenden Gegend wieder, ohne auch nur den Hauch einer Ahnung zu haben, wo wir hier unser Zelt aufschlagen könnten. Zwar hatten wir, anders als ein paar Monate später, als Fahrdi uns in der iranischen Wüste einsammelte, wenigstens Internetempfang, doch brachte uns dies nicht viel mehr, als uns abermals vergewissern zu können, dass wir es auf keinen Fall vor Einbruch der Nacht in die nächste Stadt schaffen würden.

Ich stand – voller Wut auf mich selbst, schon wieder in derselben Situation zu sein – am Straßenrand und studierte konzentriert die kleine Karte auf meinem Handy. Im Hinterkopf hatte ich, dass sowohl ich als auch Max ziemlich erschöpft von den heißen Temperaturen waren und wir unter keinen Umständen im Dunkeln auf der schmalen Schnellstraße ohne Seitenstreifen entlangfahren wollten, als ich auf einen eingezeichneten kleinen Weg wies und zu Max sagte: »Schau mal. In ein paar Kilometern geht es hier von der Hauptstraße ab und direkt rechts runter in diesen kleinen Wald. Vielleicht führt die Straße sogar bis zum Meer. Wollen wir da abfahren und uns einen Platz zum Schlafen suchen?« Max deutete mit dem Daumen nach hinten über seine Schulter und entgegnete mit fragendem Blick, der eine Spur der Besorgnis erkennen ließ: »Und was ist mit all den Warnschildern vor Wölfen, Wildschweinen und Bären, an denen wir die letzten Kilometer vorbeigefahren sind?« Ich war zu entkräftet, um seinen Einwand wirklich zu realisieren, zuckte mit den Schultern und meinte nur: »Uns wird schon nichts passieren. Bei uns zu Hause stehen diese Schilder doch auch überall, und trotzdem sieht man nie ein Wildschwein oder ein Reh.«

Zwei Stunden später lag ich mit einem bis zum Hals pochenden Herzen in meinem Schlafsack und bereute meine leichtfertige Aussage bitterlich. Während Max bereits friedlich neben mir döste, hatte ich just in dem Moment, als auch ich das Buch auf meinem eReader gegen mein Kissen eintauschen wollte, ein paar Meter hinter unserem Zelt ein kräftiges Rascheln und Rumoren gehört. Erst hatte ich es als im Wind rauschende Blätter abgetan und mich trotzdem zum Schlafen hingelegt, aber als unter lautem Krachen ein Stück Holz zerbrach, war selbst für mich, der sich nicht besonders gut mit üblichen Waldgeräuschen auskannte, eindeutig, dass sich irgendetwas Großes den Weg durch das Gestrüpp bahnen musste. Langsam, um ja keine unnötige Aufmerksamkeit auf mich zu ziehen, richtete ich meinen Oberkörper wieder auf, stützte mich auf meine Ellenbogen und blickte konzentriert durch das Mückennetz unseres Zeltes hindurch in die Dämmerung. Da es ein wolkenloser Spätsommertag war und die Nacht noch nicht hereingebrochen war, konnte man die etwa zehn Meter entfernt vor uns liegenden Büsche mit bloßem Auge noch gut erkennen. Alles, was sich allerdings rechts, links und hinter dem Zelt abspielte, lag außerhalb des Sichtfensters des durchsichtigen Mückennetzes. So saß ich wie blind und gelähmt vor Furcht, auf meine schmerzenden Ellenbogen gelehnt, da und lauschte in die sonst so ruhige Dämmerung, um herauszufinden, was dort vor unserem Zelt sein Unwesen trieb. Meine Fantasie begann verrücktzuspielen und malte sich die verschiedensten Szenarien aus: »Was

Auch später auf der Reise sehen wir immer wieder Schilder, die uns vor Bären, Leoparden, Wildschweinen oder Wölfen warnen. Den Fehler, dort zu zelten, machen wir allerdings nicht mehr.

ist, wenn es wirklich etwas Gefährliches ist? Was machen wir, wenn wir nun ein Rudel Wölfe oder ein Pack Wildschweine vor unserem Zelt haben? Alle unsere Sachen liegen draußen vor dem Zelt – wir haben rein gar nichts zur Hand, mit dem wir uns verteidigen könnten. Und sehen tun wir auch nichts. Wenn ein Wildschwein auf das Zelt zurennt, kann ich es im besten Fall noch hören, und dann ist es sowieso zu spät. Was machen wir jetzt nur?«

Als in der nächsten Zeit – ich konnte nicht einschätzen, ob es Sekunden oder Minuten waren – nichts zu hören war, drehte ich mich ganz leise und vorsichtig zu Max, um ihn zu wecken:»Max, du musst aufwachen. Aber sei ganz leise.Vor unserem Zelt ist irgendetwas.«Geradezu als Bestätigung meiner Worte ertönte draußen, nicht weit entfernt von der undurchsichtigen Zeltwand auf Max' Seite, ein Grollen und Schnauben, das ich keinem Tier zuordnen konnte. Das Einzige, was durch die Geräuschkulisse eindeutig wurde, war, dass es näher herangekommen war.

Max, der zwar im Bruchteil einer Sekunde hellwach war, aber ein Gesicht machte, als wäre er nach wie vor mitten in einem Alptraum gefangen, flüsterte mit bebender Stimme:»Das hört sich an wie ein Wildschwein.Wenn das eine Bache ist und sie Junge bei sich hat, dann sind wir jetzt schon so gut wie tot.« Ich nickte nur, malte mir im Kopf den Zeitungsartikel aus, der darüber berichtete, dass die beiden Jungs, die mit dem Fahrrad um die Welt fahren wollten, in Bosnien von einem Wildschwein getötet wurden, und wisperte zurück:»Haben wir nicht irgendwas bei uns, womit wir uns wehren könnten?«»Gegen ein Wildschwein? Keine Chance. Und es ist alles draußen bei unseren Taschen.« Max wollte noch irgendwas sagen, aber die Geräusche waren noch lauter geworden, und er verstummte.

Es krachte und polterte nur einige Meter neben unserem Zelt, und der Boden, auf dem wir mit unseren Luftmatratzen lagen, bebte. Mein Puls schlug inzwischen so hoch und mein Körper war dermaßen mit Adrenalin vollgepumpt, dass ich das Gefühl hatte, jeden Moment keine Luft mehr zu bekommen, da ich so wenige Laute wie möglich von mir geben wollte, aber zugleich panisch nach Luft schnappte. Die Geräuschkulisse änderte sich ständig – mal war es mehr ein Knurren und Brummen und dann wieder ein Röhren und sogar eine Art Grunzen. Es hörte sich außerdem so an, als würde das wilde Tier, was auch immer es war, unser Zelt umkreisen und immer wieder näher kommen und sich dann wieder entfernen. Ich lag inzwischen mit zusammengekniffenen Augen da und wartete einfach nur darauf, dass die Zeltdecke über uns eingerissen wurde, sich ein Keiler durch das dünne Plastik bohrte oder etwas anderes in dieser Art passierte. »Nono, Nono.« Max flüsterte beinahe unmerklich, und ich schlug erneut meine Augen auf. Er aber starrte ungläubig, als hätte er ein Gespenst gesehen, geradeaus durch das Mückengitter. Ich folgte seinem Blick und konnte beobachten, wie einige Meter vor unserem Zelt, nur von uns durch das durchsichtige Gitter getrennt, ein großer Bär auf und ab trampelte.

In dem Moment, als ich den Bär mehr oder weniger direkt an meinem Fußende sah, verstand ich, was es heißt, wirklich Angst zu haben. Ich war zeit meines Lebens schon in vielen brenzligen Situationen gewesen, in denen ich mich vor etwas gefürchtet hatte, aber diese Art von Angst, die ich in jenem Moment in meinem Zelt sitzend verspürte, war irgendwie anders. Sie war so pulsierend intensiv, dass sie jedes Gefühl für Raum und Zeit mit sich riss. Ich kann mich nur noch erinnern, dass ich, nachdem ich den Bären erblickt hatte, mich flach auf den Rücken zurück auf meine Matratze habe sinken lassen, die Augen geschlossen hatte und einfach so dalag, während ich alles um mich herum ausblendete. Weder vernahm ich die Geräusche, die der Bär von sich gab, noch hörte ich, wie er sich, wahrscheinlich auf der Suche nach etwas Essbarem, durch unsere Taschen wühlte. Alles, was ich weiß, ist, dass irgendwann das laute, alles einnehmende Pochen in meinen Ohren nachließ und ich allmählich wieder klare Gedanken fassen konnte. »Max? Ist er noch da?«, wisperte ich in die inzwischen voll hereingebrochene Dunkelheit hinein. »Ich weiß es nicht. Ich höre nichts mehr«, kam es zurück. »Ich will hier weg«, meinte ich, setzte mich ganz langsam auf und lauschte dabei angestrengt in die Nacht hinein. Wir mussten ziemlich

Nach dem Bären-Zwischenfall sind wir einfach nur glücklich, unversehrt zu sein.

lang einfach nur so dagelegen haben. Draußen war es inzwischen rabenschwarz, und sowohl unsere Taschen als auch die Büsche, die ich vorhin noch so deutlich erkennen konnte, waren inzwischen von der Finsternis der Nacht verschluckt. »Okay, lass uns unsere Schlafsäcke nehmen und zur Straße rennen«, raunte Max mir von hinten zu.

Was danach passierte, war unser zweiter großer Fehler, nachdem wir den ersten begangen hatten, als wir ein paar Stunden zuvor die vor wilden Tieren warnenden Schilder ignoriert hatten. Liest man im Internet nach, wie man sich im besten Fall zu verhalten hat, wenn man auf einen Bären trifft, dann sind die Empfehlungen ziemlich eindeutig: Mach dich so klein wie möglich, entferne dich langsam und leise rückwärts von ihm und hoffe, dass er dich nicht entdeckt.

Wir hingegen verhielten uns aufgrund unseres Nichtwissens wieder komplett falsch und sind wahrscheinlich nur durch pures Glück unversehrt davongekommen: Während Max unser Campinggeschirr gegeneinanderschlug, spielte ich mit unserem Bluetooth-Lautsprecher laute Musik und schwenkte zugleich eine selbstgebaute Fackel. Dabei rannten wir mit unseren Schlafsäcken über den Schultern einen kleinen Waldweg entlang durch die pechschwarze Nacht, bis wir nach ein paar Minuten an der verlassenen Hauptstraße herauskamen. Dort legten wir uns an den Straßenrand auf den betonierten Seitenstreifen und warteten die restlichen Stunden der Nacht ab, bis wir am nächsten Morgen zurück zu unserem Camp gingen, unsere Sachen packten und uns schworen, sowohl keine warnenden Schilder mehr zu missachten als auch nie wieder die Fahrradtasche mit den Lebensmitteln direkt vor unser Zelt zu legen.

Der Grund, warum ich bei Gesprächen über meine Reise immer wieder gerne von dem Bären erzähle, ist der, dass es neben einer spannenden Geschichte rückblickend auch einer der lehrreichsten Momente für mich war. Ich war schon immer jemand, der viele Ideen hatte und oft stunden-, tage- oder sogar wochenlang über meinen Schreibtisch gebeugt darüber nachdachte, ob und wie man sie umsetzen könnte. Was allerdings meistens passierte, war, dass ich nie wirklich über das Planen hinaus und ins Handeln kam. Immer wenn es an der Zeit gewesen wäre, wirklich rauszugehen und zu beginnen, die Idee Realität werden zu lassen, hatte ich meiner zweifelnden Stimme im Hinterkopf zu viel Beachtung geschenkt und die Idee dann doch wieder verworfen. Ich hatte zu große Angst davor, dass ich, sobald ich anfangen würde, einen Fehler machen oder mit der Idee scheitern könnte. Und so hatte ich nie wirklich den Versuch unternommen, auch nur einen der vielen guten Einfälle in die Realität umzusetzen.

Seit unserem Erlebnis mit dem Bären jedoch habe ich stets im Kopf: »Du hast bereits solch einen Fehler begangen, dass du einem wilden Bären ausgeliefert warst, und doch bist du immer noch hier. Was soll dir also schon passieren, wenn du zu Hause in deiner Komfortzone einmal etwas Neues wagst? Was ist schon dabei, wenn du mit einer Idee scheiterst, wenn du etwas Geld verlierst oder der neue Job vielleicht doch nicht das ist, was du dir vorgestellt hast? Du wirst andere Ideen haben, eine Vielzahl der Jobs, die in einigen Jahren den Arbeitsmarkt bestimmen werden, existieren heute noch nicht einmal – du findest also mit Sicherheit früher oder später einen passenden –, und solange du deine wichtigsten Rechnungen noch bezahlen kannst: It's just money. Mit nichts von all dem bringst du dein Leben wirklich in Gefahr, also probier es einfach aus.«

Ich glaube, dass wir unsere wichtigsten Lektionen in den schlimmsten Zeiten und durch die größten Fehler lernen. Auch wenn wir es in dem Moment, in dem etwas schiefgeht, meist nicht sehen können, ist ein kleiner Rückschlag oft das Beste, was uns passieren kann, da er jede Menge Erfahrungen mit sich bringt. So habe ich aus meinem Fehler, die Schilder missachtet zu haben und daraufhin auf einmal vor einem wilden Bären flüchten zu müssen, gelernt, dass die meisten Risiken, die uns daran hindern, etwas zu tun, was wir wirklich wollen, im Grunde nie so groß sind, dass es sich nicht lohnen würde, es zumindest zu versuchen. Was auch immer uns passiert, es ist selten schlimmer, als dass wir Geld oder Zeit verlieren, aber dafür Erfahrungen dazugewinnen. Wir sollten also möglichst viele Fehler machen und möglichst viel aus ihnen lernen. Vor allem, wenn ein ausgewachsener Bär vor dem eigenen Zelt rumstöbert.

An alle,
die vor Herausforderungen stehen ...

... die so groß sind, dass sie kurz davor sind aufzugeben. An all jene, die bereits aus Angst davor, vielleicht irgendwann einmal in eine solch schwierige Situationen zu kommen, sämtliche Risiken vermeiden und gar nicht erst beginnen. Und an diejenigen, die immer wieder in genau diesen Momenten, in denen der Wille weiterzumachen verschwindend gering ist, ins Wanken geraten und ihr eigentliches Ziel aus den Augen verlieren: *Wenn du immer machst, was einfach ist, dann wird das Leben auf kurz oder lang schwer werden.* Es ist so, wie es mir mitten im stockdunklen Tunnel in der Türkei eingebläut wurde: Herausforderungen und Probleme bergen immer die Chance zu wachsen. Sie sind im Grunde Komplimente an uns selbst und unsere Fähigkeiten. Wir dürfen uns nur nicht von der Angst, Fehler zu machen, einschüchtern lassen.

7. Lektion

Was es außer Motivation noch braucht

Zu wissen, wie wir mit Hindernissen umgehen, heißt noch lange nicht, dass wir automatisch genügend Ansporn haben, um jede Hürde zu überwinden – wie immer liegen auch hier Welten zwischen Wissen und Machen. Auf dem weiten Weg nach Peking habe ich gemerkt, dass Motivation kommt und geht. Mal ist sie stärker, und mal ist sie schwächer. Und es ist nur natürlich, dass wir niemals durchgängig energiegeladen, voller Tatendrang und Vorfreude sind. Ich persönlich hatte meinen größten Tiefpunkt der Reise in Turkmenistan. Rückblickend hat dieser allerdings wohl eine der wichtigsten Lektionen, die ich auf meinem gesamten Weg von Berlin nach Peking lernen durfte, mit sich gebracht: Hier habe ich gelernt, dass Motivation allein nicht ausreicht.

Wenn die Motivation schwindet, braucht es Disziplin: Wie ich in Turkmenistan den Tiefpunkt erreichte

»Wie oft wart ihr kurz davor, das Handtuch zu werfen und die ganze Reise einfach abzubrechen?« Ich glaube, ich habe noch keinen Vortrag gehalten, habe noch nie ein Interview gegeben oder selbst nur ein Gespräch geführt, in dem diese Frage nicht gestellt wurde. Und vollkommen zu Recht, denn wir alle kennen diese Situationen, in denen die anfänglich überschwängliche Motivation langsam, aber stetig verpufft. Das war auch bei mir auf der Reise ganz sicher nicht anders. Wenn man durch den tiefsten Winter radelt und wilde Tiere vor dem eigenen Zelt herumtrampeln, dann hinterfragt man natürlich früher oder später, worauf man sich hier eigentlich eingelassen hat. Ich konnte mir den Grund, warum ich eigentlich losgefahren war, noch so sehr vor Augen halten

Man kann nicht immer motiviert sein. Aber man kann trotzdem weitermachen.

oder mir die Gewohnheit, nicht negativ zu denken, in Erinnerung rufen – irgendwann kommt in jedem Prozess zwangsläufig der Punkt, an dem man unsicher wird, ob das, was man tut, wirklich das Richtige für einen ist oder ob man nicht doch lieber aufhören sollte. Der Punkt, an dem der Selbstzweifel im Hinterkopf lauter wird und es einem schwerfällt, sich aufzuraffen, um weiterzumachen und alles zu geben – bei mir kam er mitten in der turkmenischen Wüstenlandschaft.

Bevor wir die Routenplanung für die Reise angegangen waren, wusste ich nicht einmal, dass es Turkmenistan gibt. Und das aus gutem Grund. Das zwischen Iran, Usbekistan, Kasachstan und Afghanistan liegende Land, das zu mehr als 95 Prozent aus Wüste besteht, ist mehr oder weniger von der Außenwelt abgeschottet. Mit der Begründung, dass Satellitenschüsseln die Außenfassaden von Gebäuden verschandeln würden, hat die Regierung sämtlichen Fernsehempfang verboten. Die gesamte Telekommunikation wird vom Staat überwacht, und Internetzugang gibt es nur in wenigen Luxushotels in der Hauptstadt Aşgabat. Der Staat ist dermaßen autoritär und die Presse so stark kontrolliert, dass Turkmenistan im weltweiten Pressefreiheitsindex den letzten Platz belegt – noch hinter Nordkorea.

Wer nun also hier einreisen möchte, hat zunächst einmal einen riesigen Stapel Dokumente auszufüllen, bevor er dann noch einen Brief an den König von Turkmenistan schreiben muss. In diesem empfiehlt es sich,

In Turkmenistan sieht man selten Reisende. Umso abgelenkter ist dieser kleine Kamelhirte von seiner Arbeit.

ausführlich zu erklären, warum man sein Land bereisen möchte, wo man herkommt und am allerwichtigsten: dass man schnell wieder ausreisen wird. Wenn man all dies getan und die Unterlagen abgegeben hat, liegt die Chance, eine Visaerlaubnis zu erhalten, trotzdem nur bei etwa 50 Prozent, wie wir uns haben sagen lassen. In Internetforen hatten wir zuvor gelesen, dass gut die Hälfte aller Anträge ohne Kommentar und scheinbar vollkommen willkürlich abgelehnt wird. Und selbst wenn man wie wir das Glück hat, eine Erlaubnis für den Transit zu erhalten, dann hat man lediglich fünf Tage Zeit, in denen man sich an eine vorbestimmte, festgesteckte Route entlang der Hauptstraße zu halten hat, bevor man das Land wieder verlassen muss. Sollte man es aus irgendeinem Grund nicht pünktlich über die Grenze ins angrenzende Usbekistan schaffen oder aber während der Fahrt von dem festgelegten Weg abkommen, dann droht einem eine Geldstrafe in Höhe mehrerer Tausend Dollar. In einigen Fällen soll eine Abweichung von der Route, die die Reisenden meist unwissentlich oder aufgrund von Notfällen vorgenommen hatten, sogar zu einer Gefängnisstrafe geführt haben.

Für uns mit unseren Rädern bedeutete dies also, innerhalb von fünf Tagen mehr als 500 Kilometer auf derselben Straße durch die karge turkmenische Landschaft zurückzulegen. Und als ob das noch nicht genug wäre, bedeutete es auch, dass wir – aus Mangel an Supermärkten entlang der Strecke – über 70 Kilogramm in unseren Satteltaschen mit uns schleppen mussten.

Bei unserer Recherche für die Durchreise waren wir über die wüstesten Geschichten gestolpert, warum andere vor uns diese Durchreise nicht geschafft hatten. In diversen Reiseblogs hatten Fahrradfahrer aus aller Welt davor gewarnt, die Strecke trotz nicht vorhandener Berge und gut gepflasterter Straßen zu unterschätzen. Anscheinend war das gesamte Land nicht nur flach, sondern auch bekannt für seine energischen, über das Kaspische Meer herankommenden Winde. So hatten wir von einigen hartgesottenen Radreisenden gelesen, die es nicht fertiggebracht hatten, innerhalb der kurzen Zeit so viele Kilometer zurückzulegen, da der Gegenwind teilweise so stark war, dass sie absteigen und schieben mussten. Andere Reiseberichte erzählten von stundenlangen Untersuchungen durch staatliche Militärbeamte an Straßen-Checkpoints, die nur nach einem Grund zu suchen schienen, Durchreisenden eine fristgerechte Ausreise zu erschweren. Wenn wir nun also über mehrere Stunden oder sogar Tage hinweg nicht mit voller Geschwindigkeit vorankommen würden, dann wäre es unmöglich, die Strecke in den fünf Tagen zu schaffen.

Mit diesen Geschichten im Hinterkopf schlugen wir am Abend vor der Einreise unser Zelt direkt auf dem gepflasterten Parkplatz des Grenzübergangs von Iran nach Turkmenistan auf. Wir waren beide sichtlich angespannt, wollten uns aber nichts anmerken lassen, um den anderen nicht noch nervöser zu machen. Als ich dann aber irgendwann endlich in meinem Schlafsack lag und versuchte, den steinharten Untergrund und die vom Beton aufsteigende Kälte zu ignorieren, spukte beim Einschlafen permanent ein hartnäckiger Gedanke in meinem Kopf herum: »Was ist, wenn wir es nicht schaffen? Was ist, wenn wir Gegenwind haben? Oder wenn etwas anderes passiert? Wir müssen es um jeden Preis rechtzeitig über die Grenze schaffen. Eine Strafe können wir uns gar nicht leisten.«

Ein paar Stunden später saß ich bereits auf meinem Sattel und radelte in der morgendlichen Dämmerung mit schnellem Tempo entlang der turkmenischen Hauptstraße, die mich die gesamten nächsten fünf Tage begleiten würde. Max und ich waren nach einem unruhigen Schlaf frühmorgens aufgestanden, hatten alles zusammengepackt und als allererste Menschen an diesem Tag die Grenze überquert. Die Zöllner auf der turkmenischen Seite des Grenzübergangs schmunzelten bereits, als wir mit unseren Rädern in ihrem Sichtfeld erschienen. Lachend zeigte der eine auf unsere vollgepackten Satteltaschen und sagte auf Turkmenisch etwas zu seinen um ihn herum stehenden und uns ebenfalls be-

Vor der Einreise nach Turkmenistan bekomme ich nachts vor Nervosität kaum ein Auge zu.

lustigt beäugenden Kollegen. Wahrscheinlich war er eine Wette einge-gangen, dass wir es nicht rechtzeitig durch sein Land schaffen würden. »Aber das werden wir«, dachte ich, während ich auf meinem Fahrrad saß, mir das Bild des dicken, lachenden Grenzbeamten vor mein inneres Auge rief und noch stärker in die Pedale trat.

Ich weiß nicht, ob Max von denselben Gedanken wie ich motiviert wurde, aber obwohl ich – verglichen zu meinem sonstigen Tempo – ungewöhnlich schnell war, blieb seine rote Jacke stets gut ein paar Hun-dert Meter vor mir. So rauschten wir durch die Einöde Turkmenistans, und als ich, nachdem ich den gesamten Vormittag, völlig versunken in die neuesten Podcast-Episoden von Lewis Howes, nur so gedankenver-loren dahingeradelt war, das erste Mal auf meinen Tachometer schaute, waren wir bereits über 40 Kilometer weit gekommen. »So kann es doch weitergehen«, dachte ich mir. Aber das tat es leider nicht.

Etwa drei Stunden später, es war inzwischen vier Uhr nachmittags, und wir hatten bereits mehrere Militär-Checkpoints passiert, ließ meine zu Beginn des Tages noch so üppig vorhandene Energie schlagartig nach. Die Beine erlahmten, das Fahrrad kam mir immer schwerer vor, und Max war nur noch ein ferner roter Punkt am Ende der Straße. Sosehr ich mich auch selbst antrieb, mir gut zuredete und mir immer wieder klarmachte, wie wichtig es sei, dass wir schnell vorankamen, fiel ich doch weiter und weiter zurück. Irgendetwas stimmte nicht. Ich schwitzte stärker, als ich es von mir gewohnt war, meine Glieder fühlten sich zunehmend schwerer an, und zu der Erschöpfung kam noch ein flaues Gefühl im Magen. Außerdem, wie immer bei mir, wenn sich in der Vergangenheit eine Erkrankung angebahnt hatte, begann ich zu frieren. So dauerte es nicht lange, bis ich durch die Kombination eines vor Anstrengung nassgeschwitzten Körpers, des starken Fahrtwinds und meines verstärkten Kälteempfindens bibbernd auf dem Sattel saß. Als ich es schließlich nicht mehr aushielt, hielt ich an und stieg ab. Max würde schon früher oder später merken, dass ich nicht hinterherkomme, und ich setzte mich mit pochendem Kopf und heißer Stirn an den Straßenrand. Eins war mir klar: Heute würde ich keinen Meter mehr Fahrrad fahren.

»Max, ich glaube, ich muss ins Krankenhaus«, waren die Worte, mit denen ich ihn am nächsten Morgen weckte. Nachdem er mich am vorherigen Tag nicht mehr hinter sich entdecken konnte, war Max zurückgekommen, und wir hatten das Zelt direkt am Rande der Straße aufgeschlagen. Auch wenn keiner von uns es aussprach, konnten wir doch im Gesicht des anderen die Besorgtheit entdecken. Da wir gestern

Schon während der ersten Pause an einer verlassenen Bushaltestelle merke ich, dass mich meine Kräfte verlassen.

insgesamt nur um die 70 Kilometer gefahren waren, würden wir dies heute wettmachen müssen, um überhaupt die Chance zu haben, es rechtzeitig aus Turkmenistan heraus zu schaffen. Im Klartext hieß das, mindestens 130 Kilometer zu fahren. Wenn man mich allerdings so anschaute, wie ich noch vor dem Schlafengehen zitternd und mich übergebend vor dem Zelt gesessen hatte, war es insgeheim bereits klar, dass das wohl nichts werden würde. Aber einen Plan B hatten wir auch nicht. Bis in die nächste Stadt waren es um die 100 Kilometer, und der Zeitplan sah es nicht vor, dort anzuhalten. Außerdem hatten wir gelesen, dass Reisende nicht sonderlich gern in den größeren Städten gesehen waren und dass man diese besser meiden solle. Ähnlich wie ich am vorherigen Tag hatte wahrscheinlich auch Max noch darauf gehofft, dass ich nach etwas Schlaf aufwachen und wie durch ein Wunder keine Spur von meinen heftigen Symptomen mehr übrig sein würde. Diese Hoffnung war mit meinem ersten Satz, den ich hervorgebracht hatte, leider dahin.

Während der Regen also auf unser Zelt trommelte und ich versuchte, meine Übelkeit im Zaum zu halten, überlegten Max und ich, was wir nun machen sollten. Da sowohl klar war, dass ich einen Arzt brauchte, als auch, dass wir nur noch vier Tage hatten, bis wir das Land verlassen mussten, blieb uns im Grunde nichts anderes übrig, als irgendwie zu versuchen, per Anhalter bis in das etwa 100 Kilometer entfernte Mary,

Das Warten auf ein Auto, das uns mitnimmt, scheint aussichtslos zu sein. Wir probieren es trotzdem und hoffen, dass der Versuch im autoritären Turkmenistan nicht bestraft wird.

die nächste Stadt mit einem Krankenhaus, zu kommen. Zwar wussten wir weder, ob das erlaubt war, noch, ob wir nicht direkt in der etwas abseits der Route liegenden Stadt festgehalten und untersucht werden würden, aber wir sahen keine andere Möglichkeit. Das größte Problem aber war unsere Nähe zur Grenze. Da so gut wie nie Menschen nach Turkmenistan ein- oder ausreisten, fuhren auch keinerlei Autos an uns vorbei. Hier und da sahen wir mal einen alten Trecker, aber ansonsten waren die einzigen Fahrzeuge von Eseln gezogene Holzkarren oder patrouillierende Militärfahrzeuge. Laut der Karte von Turkmenistan, die wir heruntergeladen hatten, mussten wir noch etwa 40 Kilometer weiterfahren, bevor wir an eine Gabelung kommen würden, an der auch Verkehr von einer anderen, mehr östlich gelegenen Stadt zufließen würde. Bis dahin würde ich wohl oder übel irgendwie mit dem Fahrrad fahren müssen. Wir packten also so viel Equipment wie nur möglich von meinen in Max' Satteltaschen und fuhren direkt los, um ja keine weitere Zeit zu verlieren.

Tun, was wir wirklich, und nicht, was wir nur gerade wollen: Wie ich es über die Grenze nach Usbekistan geschafft habe

Obwohl wir früh am Morgen aufgebrochen waren, war es bereits stockdunkel, als wir samt Rädern und Gepäck vor einem kleinen Krankenhaus von einem Lastwagen abgesetzt wurden. Mit Tomislav, so hieß dieser unser letzter Fahrer, hatten wir großes Glück gehabt. Mehr als 30 Kilometer hatte er uns mitgenommen und war sogar extra für uns nach Mary reingefahren, nachdem Max ihm mit Händen und Füßen erklärt hatte, dass ich dringend einen Arzt aufsuchen musste. Außerdem hatte er vor jeder Militärkontrolle kurz angehalten und uns im stockdunklen Laderaum seines Anhängers hinter ein paar von ihm geladenen Paletten versteckt, damit wir auch wirklich abseits der Route fahren konnten, ohne aufgehalten zu werden. Wie ich so dasaß, überlegte ich, ob ich dasselbe für zwei wildfremde, nicht einmal meine Sprache spre-

Da wir uns abseits der vorgegebenen Route bewegen, bleiben
wir, so gut es geht, versteckt.

chende Jungs tun würde. Für sie einen Umweg fahren – vielleicht. Sie
aber an mehreren Kontrollen vorbeischmuggeln – das wahrscheinlich
nicht. Umso dankbarer war ich Tomislav, dass er dies für uns tat.

Die vorangehenden Stunden waren hingegen eher problematisch verlaufen. Vor allem das Radfahren bis zur Weggabelung war eine Qual für
mich und fühlte sich wie eine halbe Ewigkeit an. Jeder Tritt in die Pedale tat mir aufs Neue in meinem sowieso schon schmerzenden Magen
weh, und schon nach wenigen Kilometern war ich so fiebrig, dass mein
Kopf brummte. Nachdem ich kurze Zeit dachte, dass zumindest die
Übelkeit nachgelassen hatte, meldete sie sich nach etwa einer Stunde
noch schlimmer zurück als zuvor. Von da an musste ich immer wieder
abrupt anhalten und mein Fahrrad auf der Stelle fallen lassen, um mich

am Wegrand kniend zu übergeben. Wie schlimm ich wohl aussehen musste, konnte ich nur anhand von Max' besorgten Blicken und ständigen Fragen, ob ich nicht etwas trinken oder vielleicht sogar etwas essen wolle, deuten. Endlich an der Gabelung angekommen, brauchte es fünf verschiedene Fahrer, um uns insgesamt 30 weitere Kilometer mitzunehmen. Außer Tomislav wollte uns niemand bei einem Militär-Checkpoint im Auto sitzen haben. So fuhren wir immer nur ein paar Kilometer mit, stiegen dann aus, kurz bevor wir in Sichtweite der Kontrolleure waren, luden unter Ächzen und Stöhnen unsere vollgepackten Räder von den Ladeflächen und radelten das letzte Stück. Da keiner unserer Helfer je auf der anderen Seite auf uns wartete, begann dort die Prozedur von vorn, indem wir abermals am Straßenrand sitzend auf ein weiteres Auto hofften. Wäre unser sechster Fahrer nicht Tomislav gewesen, der uns allein für eine längere Zeit mitnahm als alle fünf vorherigen Fahrer zusammen, weiß ich nicht, ob wir das Krankenhaus erreicht hätten, vor dem wir nun am späten Abend standen.

Von dem Moment an, in dem wir das Krankenhaus betraten, bis zu dem Zeitpunkt vier Tage später, als ich von Kopf bis Fuß verkabelt in einer internationalen Klinik in der usbekischen Hauptstadt Taschkent lag und von mehreren Ärzten zeitgleich untersucht wurde, fühlte sich alles wie in einem Film an. Ein Film, der nur gedreht wurde mit der Intention, mir immer und immer wieder einzubläuen, dass Motivation allein nicht ausreicht. Kaum hatten Max und ich einen Fuß auf den Boden des langen Krankenhausflurs gesetzt, erschien ein Arzt in einem blauen Kittel, der uns, während er aufgeregt etwas auf Turkmenisch vor sich hin redete, schnellstmöglich aus dem Hauptflur in ein kleines Nebenzimmer führte. Auch wenn die Gerätschaften und die Einrichtung in den Räumen aussah, als würde man etwa zwanzig Jahre in der Zeit zurückgehen, war ich doch positiv überrascht von der Ausstattung. Ich hatte

Schlimmeres erwartet und war froh, hier behandelt werden zu können. Der blau gekleidete Arzt deutete uns an, in dem Zimmer zu warten, verschwand direkt wieder und kehrte erst eine halbe Stunde später mit einer Krankenschwester und zwei staatlichen Geheimagenten zurück.

Während ich auf einem Stuhl sitzend von der Krankenschwester untersucht wurde und immer wieder versuchte, in Zeichensprache zu erklären, welche Symptome ich hatte, probierte Max händeringend dasselbe mit den turkmenischen Agenten. Nach einer kurzen Zeit, in der unsere gesamten Dokumente geprüft und fotografiert wurden, alle unsere Bilder auf Handys und Kameras gecheckt wurden und immer wieder gefragt wurde, warum wir uns abseits der Route befanden, befahl mir der eine Agent, ihm zu folgen, während der andere Max wohl in eine nahegelegene Unterkunft bringen wollte, wo er auf mich warten sollte.

Ich wurde zu einem alten, dunkelgrünen VW-Bus geführt, wie ich ihn bis dato nur aus Dokumentationen über die ehemalige Sowjetunion kannte, und angewiesen, mich in dem leeren und komplett dunklen Laderaum auf den Boden zu setzen. Zwar sträubte sich alles in mir dagegen, dem Befehl Folge zu leisten, aber mein Zustand ließ mir gar nicht genügend Energie, um mich großartig zu wehren. Ich fügte mich also und wurde die nächste halbe Stunde im Laderaum, in dem ich nicht einmal die Hand vor Augen sehen konnte, von einer zur anderen Seite geworfen, während der Bus nicht gerade vorsichtig durch die Straßen jagte. Als wir irgendwann ruckartig zum Stehen kamen und der Agent mir aus dem Bus half, war ich beinahe überrascht, tatsächlich ein kleines, heruntergekommenes Haus mit einem roten Kreuz an der Fassade zu sehen. Zwischenzeitlich war ich mir nämlich sicher gewesen, dass wir nicht in ein Krankenhaus fahren würden, sondern dass ich irgendwohin zum Verhör mitgenommen würde.

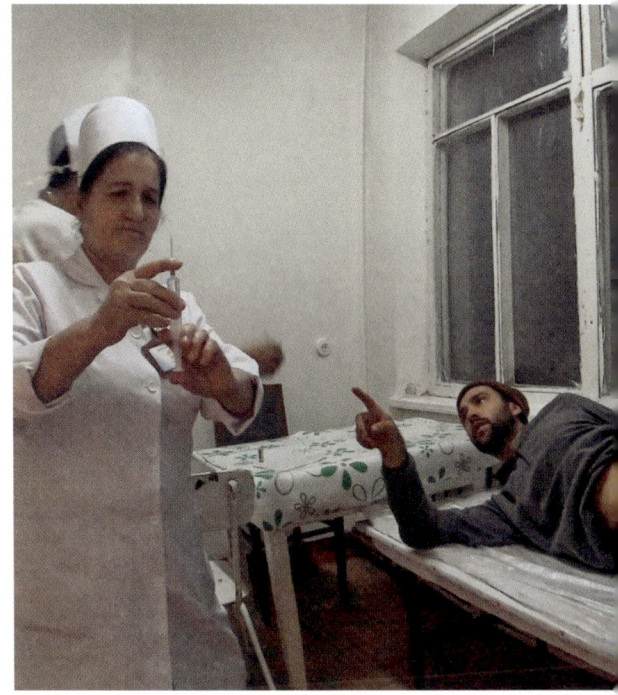

Bis heute weiß ich nicht, was sie mir dort gespritzt haben. Allerdings hat es geholfen, bis zur internationalen Klinik in Usbekistan durchzuhalten.

Bis heute weiß ich nicht, warum ich nicht einfach gemeinsam mit Max in der einigermaßen modernen Klinik bleiben durfte. Wahrscheinlich wollten die Regierungsmitarbeiter sicherstellen, dass wir keine Informationen über den medizinischen Standard im Land erhielten. Zumindest war dieser in dem Krankenhaus, in dem ich nun behandelt wurde, nicht vorhanden. Das Gebäude bestand aus nur einem einzigen heruntergekommenen Raum, in dem nichts außer eine von Frischhaltefolie umwickelte Liege und eine kleine Glasvitrine voller russisch beschriebener Medikamente stand. Unter anfänglich noch etwas skeptischem Protest, da niemand mir sagen konnte, was ich denn genau verabreicht bekommen würde, und alle Kanülen durch ihre russischen Beschriftungen für mich unleserlich waren, gab mir eine Krankenschwester schließlich drei Spritzen. Direkt danach, ich musste weder etwas bezahlen noch etwas unterschreiben oder vorzeigen, wurde ich wieder hinausgeführt, zurück auf die Ladefläche des Busses beordert und an einer kleinen Pension abgesetzt.

Hier wartete Max in Begleitung des anderen Agenten, der ihn anscheinend nicht aus den Augen gelassen hatte. Wir wurden auf unser Zimmer gebracht, ich bekam noch drei Blister Tabletten in die Hand gedrückt, und uns wurde durch Handzeichen verständlich gemacht, dass wir am nächsten Tag direkt hier wieder abgeholt werden würden, um dann zurück zur Hauptstraße gebracht zu werden. Am Morgen, ich fühlte mich tatsächlich sehr viel besser, wurden wir durch das Klopfen der beiden Agenten geweckt, die uns sagten, dass wir uns schnell anziehen sollten. Sie brachten uns mit einem Bus samt unseren Räder raus aus Mary, fotografierten uns beide nacheinander und gaben mir einen Zettel in die Hand, auf dem nur drei Wörter standen: »Tashkent International Hospital«. Dann deutete der eine auf seine Armbanduhr, hielt drei Finger hoch und zeigte in Richtung Usbekistan. Wir nickten einfach nur immer wieder und sagten: »We know, we must hurry.« Nach wie vor rechneten wir fest mit einer Strafe, die wir bezahlen mussten, um später über die Grenze reisen zu dürfen. Zu unserer Überraschung aber passierte nichts dergleichen. Die Agenten reichten uns sogar die Hand, nickten uns zu und fuhren dann kommentarlos wieder davon. Keine fünfzehn Minuten später wurden wir von einem Kleintransporter aufgesammelt, der uns ohne Zwischenstopp über neun Stunden hinweg bis nach Turkmenabat, der Grenzstadt zu Usbekistan, mitnahm. Ohne Probleme reisten wir bereits einen Tag vor Ablauf unseres Transitvisums aus, und einige Stunden später wurde ich im großen, modernen Krankenhaus in Tashkent aufgenommen und umfangreich behandelt. Irgendwann während des ersten Tages in Turkmenistan oder des letzten

Zwischen Mary und Turkmenabat kommen kaum Militärkontrollen, und wir sitzen vorn im LKW.

Tages im Iran musste ich mir einen schweren Magen-Darm-Infekt zugezogen haben. Die Ärzte prognostizierten, dass ich eine Woche bettlägerig sein würde und dann langsam, wohl aber mit weniger Kraft, weiterreisen könne. Für die letzten acht Wochen, die es noch brauchte, bis wir in Peking ankommen sollten, war meine Motivation daher ziemlich am Tiefpunkt angelangt. Aber zum Glück hatte ich meine Lektion gelernt: Da man niemals durchgängig motiviert sein kann, muss man sich noch eine andere Eigenschaft aneignen, und zwar Disziplin.

Genauso wenig, wie mir, krank und ausgelaugt, auf meinem Fahrrad danach gewesen war, weiter in die Pedale zu treten, genauso verspüren wir auch im Alltag häufig keine Lust darauf, Dinge zu tun, die uns schwerfallen. Nur ab und zu, wie zum Jahresanfang, spüren wir diese

Augenblicke voller Motivation. Dann setzen wir uns Ziele, nehmen uns große Dinge vor und würden am liebsten sofort alles auf einmal machen. Nach einer Weile verlieren wir im Alltag dann aber die Muße, weiter Zeit und Energie in diese Dinge zu investieren, die wir eigentlich wirklich wollen, und entscheiden uns stattdessen wieder für das, wonach es uns lediglich im Moment verlangt. Wir lassen uns ablenken. Unsere Gefühle finden immer eine plausible Ausrede, warum ausgerechnet heute nicht der richtige Tag ist, um zu tun, was wir uns vorgenommen haben. Unsere Gefühle und Neigungen sind unser innerer Schweinehund. Wenn es nach ihnen gegangen wäre, wäre ich unzählige Male umgekehrt und hätte die ganze Reise abgebrochen, anstatt in Richtung Peking weiterzufahren.

Wir alle wissen tief im Inneren, ob wir uns gerade nur vor dem drücken, was wir eigentlich tun sollten, oder tatsächlich etwas tun, was uns unseren Zielen näher bringt. Daher verlieren wir mit jedem Mal, wenn wir uns ablenken lassen, ein bisschen den Glauben daran, dass wir schaffen können, was wir uns vorgenommen haben. Anstatt diesen Stolz auf uns selbst zu spüren, wenn wir uns wieder einmal aufgerafft und unseren Schweinehund überwunden haben, meldet sich die Stimme im Hinterkopf, die uns einflüstert, dass wir unsere in Momenten voller Motivation gesteckten Ziele sowieso niemals erreichen werden. Und da ja schon unser innerer Schweinehund gewonnen hat, lassen wir unseren inneren Kritiker nun auch noch siegen – und verlieren irgendwann gänzlich den Antrieb.

An alle,
die Schwierigkeiten
damit haben ...

... Dinge zu erledigen, die keinen großen Spaß machen. An all die, die rückblickend häufig bereuen, ihre Ziele nicht erreicht zu haben, weil ihnen auf dem Weg die Motivation fehlte. Und an diejenigen, die allein bei dem Gedanken an bevorstehende schwierige Zeiten am liebsten das Handtuch werfen wollen: *Motivation lässt uns zwar mit etwas beginnen, aber reicht meist nicht aus, um auch am Ziel anzukommen. Dafür brauchen wir vor allem eines: Selbstdisziplin.* Elbert Hubbard hat einmal sehr treffend gesagt: »Self-discipline is the ability to make yourself do what you should do, when you should do it, whether you like it or not.« Und natürlich ist das für den Moment, wenn wir uns gerade gar nicht danach fühlen, etwas zu tun, schwierig und manchmal sogar schmerzhaft vor Anstrengung. Zweifellos haben Max und ich die besonders strapaziösen Stationen dieser Reise, in denen die Motivation zur Weiterfahrt am Tiefpunkt war, im Moment ihrer Erfahrung verflucht und gehasst.

Aber entweder man erträgt diesen kurzen, oft unangenehmen Moment, den Disziplin mit sich bringt, oder man muss sich später mit dem viel schlimmeren Schmerz der Reue abfinden.

Ich für meinen Teil weiß, dass ich es für immer bereut hätte, unsere Reise zu beenden.

8. Lektion

Umso mehr heißt nicht umso besser

Eine Sache, die uns immer wieder in die Quere kommt, wenn wir darüber nachdenken, einen Weg einzuschlagen, der zwar zu einem Leben führen könnte, wie wir es uns wünschen, aber gleichzeitig natürlich auch viele Risiken mit sich bringt, ist Geld. Die kühnsten Träume scheitern daran, dass wir im Hinterkopf all die Rechnungen haben, die wir Monat für Monat begleichen müssen. Und ich sage gar nicht, dass dies falsch ist. Wenn man mit einem Fahrrad um die Welt gefahren ist, um genug Spenden für den Bau einer Grundschule zu sammeln, dann weiß man, was für ein Blödsinn es wäre zu behaupten, dass Geld unwichtig sei. Ein noch viel größerer Blödsinn ist es allerdings, unser Leben nur danach auszurichten und stets mehr haben zu wollen, anstatt uns selbst auch nur ein einziges Mal die Frage zu stellen, was wir denn überhaupt brauchen und was wir tun würden, wenn wir all das hätten, was wir jetzt gerade wollen.

Die Frage nach der Messbarkeit von Glück: Wie es sich anfühlt, Millionär zu sein

Ich habe während und nach meiner Reise so ziemlich jedes Extrem von Arm und Reich kennengelernt. Ich saß am Esstisch mit einer sechsköpfigen Familie, die monatlich von weniger Geld lebte, als ich in meinem ersten Nebenjob als Schüler verdient hatte; ich war bei Leuten eingeladen, die in Nomadenzelten aus Stoff wohnten und noch nie in ihrem Leben eine Kamera gesehen hatten; und ich war dabei, wie ein ganzes Dorf vor Freude weinte, weil die Kinder endlich lesen und schreiben lernen würden. Auf der anderen Seite war ich in Städten, die komplett aus weißem Marmor erbaut waren, bin tagelang mit einigen der erfolgreichsten Unternehmer Amerikas durch Guatemala gereist und habe für meinen Podcast mit Leuten gesprochen, die bereits Hunderte Millionen in ihrem Leben verdient haben.

Was ich dabei für mich gelernt habe, ist, dass wir im Grunde alle nur dasselbe wollen: ein glückliches Leben verbringen. Wie auch immer wir es für uns definieren, irgendwann einmal wollen wir auf unsere Zeit hier auf der Welt zurückschauen und wissen, dass wir ein richtig gutes Leben geführt haben. Ich glaube, dass dieser Instinkt, das Beste aus unserer Zeit machen zu wollen, von Geburt an in uns steckt, aber dass wir oft, je älter wir werden, immer mehr das Verständnis dafür verlieren, was dies denn eigentlich bedeutet. Als Kind hingegen wissen wir es noch ziemlich gut: Wir wollen so viel Zeit wie möglich mit den Menschen verbringen, die wir lieben – in dem Fall meist unsere Eltern –, und möglichst oft die Dinge tun, die wir lieben – ob es nun mit Legosteinen bauen, Bilder malen oder im Garten spielen ist. Dieses ganz natürliche Verständnis dafür, dass wir alles nur aus Neigung heraus machen, verschwimmt erst später, wenn wir älter werden. Beim endlosen Geradeausfahren habe ich mir viele Gedanken darüber gemacht, warum das so ist, und bin darauf gekommen, dass es wohl nicht nur an den Rechnungen im Hinterkopf liegt, sondern auch daran, dass Liebe nicht messbar ist. Es ist nur allzu menschlich, die eigene Wirksamkeit spüren zu wollen, indem wir merken, dass das, was wir tun, auf irgendeine Weise zählt. Da Liebe aber ein Gefühl und damit schwer greifbar für uns ist, suchen wir nach etwas anderem, das uns unsere Wirksamkeit einfacher erfahren lässt. Etwas, das wir messen und wodurch wir benennen können, wie gelungen unser Leben ist. Wenn wir also älter werden und den Erwachsenen dabei zuschauen, wie sie ihre Zeit verbringen, finden wir schnell etwas, das einfach zu beziffern ist und wonach alle zu streben scheinen: Geld. Viel Geld zu verdienen scheint also zu bedeuten, das Beste aus seiner Zeit zu machen, und je mehr von etwas Gutem man hat, umso glücklicher wird man. Das ist das Verständnis, das wir in unserer Gesellschaft automatisch entwickeln und das auch ich verinnerlicht hatte. Auf meiner Reise und durch die vielen sehr persönlichen Podcast-Gesprächen mit Menschen, die genau dies hatten − unvorstellbar viel Geld −, habe ich allerdings verstanden, dass dies so nicht ganz stimmt.

Während ich wie so viele Kinder früher immer davon geträumt habe, Millionär zu werden, glaube ich heute, dass Geld zwar bis zu einem gewissen Grad tatsächlich glücklich machen kann, dass es aber immer mehr darum geht, was man damit anstellt und wie man es verdient, als darum, wie viel man davon hat. Wie wahr es ist, dass Geld im Grunde nichts außer einer Zahl ist, zu der man leicht den Bezug verlieren kann, wie großartig jedoch die Dinge sind, die man damit bewegen kann, hat mir unsere eigene Spendenkampagne für die Schule schnell gezeigt. Während es zu Beginn noch schwer vorstellbar war, dass zwei einfache Studenten innerhalb von neun Monaten über 50 000 Euro Spenden sammeln können, sah es bereits nach nur drei Monaten on tour ganz anders aus. Nachdem Ashton Kutcher auf Facebook ein Video unserer Reise geteilt und der offizielle Instagram-Kanal mit über 300 Millionen Followern ein Foto von uns auf unseren Fahrrädern gepostet hatte, ging die Spendenseite in den sozialen Medien und in den Nachrichten viral, und Menschen aus aller Welt fingen an, unsere Aktion zu unterstützen. So hatten wir bereits kurz nach dem Jahreswechsel die erste Schule komplett finanziert, und da die Spenden nicht abrissen, entschieden wir uns dazu, weiterzufahren und mit den zusätzlichen Spenden einfach noch eine weitere Schule in einem der Nachbardörfer zu bauen.

Während die Aufmerksamkeit also stetig zunahm, hatte ich mir angewöhnt, mehrmals täglich unsere Webseite zu checken, um zu sehen, wie

Oft sind es die ärmsten Gebiete, wo die Menschen am herzlichsten sind. Wie hier im Iran.

viel Geld wir bereits beisammenhatten. Aber selbst wenn manchmal an einem einzigen Tag Tausende von Euro eingingen, habe ich nichts Besonderes empfunden, als ich den Spendenstand dort auf dem Display sah. Kein Gefühl der Erfüllung oder des Glücks – vielleicht eine kurz anhaltende Euphorie, aber mehr auch nicht. Es war eben einfach nur eine Zahl, und je größer sie wurde, desto mehr merkte ich, wie ich den Bezug zu ihr verlor. Als ich dann aber in Guatemala stand und mit eigenen Augen sah, was diese abstrakte, ungreifbare Zahl bewirkt hatte, hätte ich platzen können vor Glück. Wenn ein fünfjähriger fremder Junge auf einen zugerannt kommt, einen umarmt und sich dafür bedankt, dass man so viel Geld zusammengetragen hat, dass er nun zur Schule gehen kann, dann versteht man sofort und unweigerlich, dass es vielmehr darauf ankommt, was man mit Geld macht, als wie viel man davon hat.

Neben den unternehmerisch sehr erfolgreichen Gästen in meinem Podcast, die ähnlich wie ich, aber natürlich noch in ganz anderen Dimensionen gelernt hatten, wie schnell man den Bezug zu einer numerischen Summe Geldes verliert, und in unseren Gesprächen ausnahmslos zustimmten, dass es nicht darum geht, so viel Geld wie möglich zu haben, sagen dasselbe auch zahlreiche weltbekannte sozialwissenschaftliche Studien. So haben Forscher verschiedener renommierter Universitäten herausgefunden, dass sich ein Einkommenszuwachs von mehr als 95 000 Dollar im Jahr nicht mehr wesentlich auf unser empfundenes Lebensglück auswirkt. Dies ist der Verdienst, den wir für gewöhnlich brauchen, um einen sehr guten Lebensstandard mit Urlaub, gesundem

Der kleine Junge ist noch nie Fahrrad gefahren und überglücklich, als ich ihn für ein paar Meter mitnehme.

Essen und etwas Wohlstand zu pflegen, keinerlei Probleme mit der Altersvorsorge zu bekommen und gleichzeitig noch Zeit für die Menschen zu haben, die wir lieben. Auch die Familienplanung ist in der Rechnung mit inbegriffen. Entgegen unserer intuitiven Annahme, dass »umso mehr« »umso besser« bedeutet, sinkt oder stagniert sogar das empfundene Glückslevel in den meisten Fällen, sobald dieses Einkommen erst einmal erreicht ist. Laut der Studie liegt dies daran, dass ab diesem Punkt die Anforderungen, die der Beruf mit sich bringt, so drastisch ansteigen, dass wir dann zwar mehr Geld haben, aber auch wesentlich mehr Zeit und Energie aufbringen müssen, um es zu verdienen, und damit weniger davon für die Menschen und die Tätigkeiten übrig haben, die wir lieben. Äußere Dinge können eben keinen inneren Frieden bringen.

Wie viel Wahrheit hinter der Aussage steckt, dass das Wichtigste die Zeit mit den uns nahestehenden Menschen ist, merken wir meist erst, wenn wir einmal richtig darüber nachdenken, was wir mit dem vielen Geld, von dem wir träumen, überhaupt machen würden. Ich selbst habe diesen Gedanken das erste Mal im Iran wirklich zu Ende gedacht, wo ich auf einmal, von einem Tag auf den anderen, für kurze Zeit Millionär geworden bin und erst dann verstanden habe, wie unsinnig es doch eigentlich ist, unbedingt millionenschwer sein zu wollen.

Was Geld ändert:
Warum ich auf einmal 15 Millionen im Portemonnaie hatte

Nach wochenlanger Fahrt durch den eiskalten türkischen Winter erreichten Max und ich am 27. Januar 2019 endlich den Iran. Und als hätte sich das Klima an den Landesgrenzen orientiert, wurde es schlagartig wärmer. Wir ließen eine längere Befragung über uns ergehen und versicherten mehrmals, dass wir keine Spione seien und unsere Kamera nur für touristische Zwecke gedacht sei, bevor wir wieder zurück auf unsere Räder durften, um nach Maku, den nächsten Ort direkt an der Grenze, zu fahren. Von dort aus wollten wir weiter ins Landesinnere, um schnell in den warmen Süden zu kommen. Ehe wir die Grenzstadt aber wieder verließen, wechselten wir noch Geld, um für die nächsten Wochen, die wir hauptsächlich in kleineren Dörfern und in der Wüste verbringen würden, vorbereitet zu sein. Da ich nicht damit rechnete, in Hotels oder Hostels unterzukommen, und daher kaum Ausgaben einkalkulierte, holte ich erst einmal nur 150 amerikanische Dollar aus meinem Portemonnaie und reichte diese über den Tresen hinweg dem Leiter der Wechselstube. Dieser betrachtete kurz die drei Fünfziger und hielt sie prüfend gegen das Licht, bevor er mir einen großen Stapel iranische Rial abzählte und in Haufen aufgeteilt vor mir auf den Tisch legte. »Merci. 15 Million Rial for you, Sir«, sagte er und wandte sich wieder seinem Smartphone-Display zu.

Zwar hatten wir vorher im Internet nachgeschaut, wie der Wechselkurs hier im Iran war, aber dennoch war es ein komisches Gefühl, solch eine Summe zu besitzen, obwohl ich mir von dem Betrag in Deutschland noch nicht einmal ein paar Sneaker hätte kaufen können. Fasziniert davon, dass Geld tatsächlich einfach nur eine Zahl ist, die von Land zu Land, von Währung zu Währung so unterschiedlich ausfällt, fingen Max und ich, als wir wieder auf dem Fahrrad saßen, ein Gedankenexperiment an, was wir wohl mit derselben Summe in Euro anfangen würden.

Die kirgisischen Kinder spielen
lachend draußen. Glücklich ist eben
nicht der, der viel hat, sondern der,
der wenig braucht.

Die Einfachheit der Reise wie das Übernachten in simplen Stoffjurten hat mir viel beigebracht.

»Stell dir vor, du hättest diese 15 Millionen jetzt zu Hause in Euro. Was würdest du damit anstellen? Wie würdest du es ausgeben? Was würdest du dir kaufen?«

»Ich denke, ich würde einen Großteil meines Geldes investieren, etwas an meine Eltern geben, ein bisschen davon spenden und dann noch eine schöne Reise machen.«

»Und was würdest du dann machen? Wenn wir einfach mal davon ausgehen, dass du die 15 Millionen gut investierst, dann müsstest du ja im Grunde nicht mehr arbeiten. Was würdest du dann machen? Wie sähen deine Tage aus?«

»Dann würde ich nur noch die Dinge tun, die mir am meisten geben. Die mir Freude bereiten und mich glücklich machen.«

»Und was genau wäre das?«

»Einfach viel Zeit mit meinen Freunden und meiner Familie verbringen. Mit ihnen Sachen machen, die Spaß bereiten.«

»Okay. Aber das kannst du doch eigentlich auch jetzt schon tun, oder nicht? Brauchst du dafür wirklich 15 Millionen?«

Lachend nickte ich, weil ich merkte, wie recht Max doch hatte. Während wir also auf einer staubigen Straße unsere ersten Kilometer im Iran zurücklegten, begriff ich, dass ich tatsächlich damals als Kind viel besser verstanden hatte, worum es wirklich im Leben geht, als jetzt im Erwachsenenalter: im Grunde um nichts anderes, als Zeit für die Menschen und die Dinge zu haben, die man liebt. Erst sehr viel später habe ich dann begriffen, wie wertvoll dieser Moment und das Gedankenexperiment, was ich überhaupt mit ein paar Millionen im Portemonnaie machen würde, für mich gewesen ist. Nicht eher als in diesem Augenblick habe ich wirklich verstanden und verinnerlicht, dass »umso mehr« nicht unbedingt »umso besser« bedeutet. Ich glaube, zu diesem Verständnis zu gelangen ist unglaublich wichtig, da wir erst dann der Tatsache gewahr werden können, dass Geld nichts anderes ist als eine Zahl, die potenziell immer ins Unendliche geht. Wenn wir daher danach streben, immer mehr davon zu bekommen, um zufrieden zu sein, dann wird auch diese Suche nach dem Glück unendlich sein.

Angenommen, wir bekommen – anders als ich in unserem Gedankenexperiment im Iran – nicht einfach mehrere Millionen auf die Hand, sondern müssen uns diese erarbeiten, dann ist das mit sehr viel Zeit und Verzicht auf andere Dinge verbunden. Verzicht auf gemeinsame Zeit mit der Familie, mit Freunden und mit anderen Dingen als Arbeit, die wir gern tun. Wenn ein glückliches, richtig gutes Leben nun aber, wie wir als Kinder schon wissen, aus genau dieser Zeit besteht und wir diese, wie wiederum Dutzende von Forschern schon wissen, am ehesten bei einem viel geringeren Verdienst erlangen, dann ist der Traum vom großen Reichtum keineswegs zielführend. Ich denke nicht, dass es grundsätzlich falsch ist, reich sein zu wollen oder danach zu streben, viel Geld zu verdienen. Absolut nicht. Was ich allerdings glaube, ist, dass es sinnvoll ist, sich frühzeitig zu überlegen, wie viel man überhaupt will und wofür man es will – sozusagen Sättigungspunkte zu bestimmen. Ansonsten verpasst man schnell die Dinge, die wirklich wichtig sind – und merkt es meist viel zu spät. Denn Geld zu haben und sich die Dinge leisten zu können, die wir liebend gerne tun, das macht glücklich. Sehr viel Geld zu haben, aber keine Zeit mehr für geliebte Menschen zu finden, das macht wiederum nicht glücklich.

An alle, die sich nie zurücklehnen ...

... und sagen können, dass gerade alles gut ist. An all die, die sich stets so fühlen, als hätten sie zu wenig Zeit für die Dinge, die sie machen wollen. Oder an diejenigen, die denken, dass ihre Probleme verschwinden würden, wenn sie erst einmal genug Geld und Sicherheit in der Hinterhand hätten: *Wenn du immer nach dem Glaubenssatz lebst, dass sich das Glück einstellt, sobald du erst einmal ein aktuell noch fehlendes Stück ergattert hast, dann wird sich dieses Mangelempfinden auf ewig fortsetzen.* Denn wenn dein Glück von etwas Fehlendem abhängt, dann kannst du logischerweise nicht mit dem glücklich werden, was du hast. Es ist ein wenig, als hätte ich mit dem Fahrrad den Horizont erreichen wollen: Ich wäre gefahren und gefahren – Kilometer um Kilometer – und wäre ihm nicht ein Stück näher gekommen.

Für die Recherche dieses Buches habe ich mit den Reichsten der Reichen und den Erfolgreichsten der Erfolgreichen sprechen dürfen. Ich habe einen der bekanntesten Gründer Europas, der gerade erst sein Unternehmen für über 200 Millionen Euro verkauft hatte, gefragt, ob er glücklich ist. Ich konnte mit dem ehemaligen weltbesten Pokerspieler, der oft innerhalb von Minuten Millionen gewonnen oder eben nicht gewonnen hat, die Wichtigkeit von Geld diskutieren. Und ich durfte lange und ausgiebig von jemandem, der persönlich mit Menschen wie Kobe Bryant, Tony Robbins und Mike Tyson gesprochen und von ihnen gelernt hat, erfahren, was seiner Meinung nach ein richtig gutes und erfülltes Leben ist. Was ich dabei gelernt habe, ist, dass es, wie bei allen Themen, auch beim Thema Geld viele verschiedene Ansichten gibt, die alle eine Daseinsberechtigung haben.

Für mich selbst allerdings habe ich herausgefunden, dass Geld zwar wichtig ist, aber eben nur bis zu einem gewissen Punkt. Ich denke, dass wir danach streben sollten, die Dinge zu bekommen, die wir wollen, um uns als wirksam zu erfahren. Das ist für mich Erfolg. Aber gleichzeitig müssen wir uns um die Dinge kümmern, die wir haben, und für diese dankbar sein. Das ist für mich Glück. Meiner Meinung nach brauchen wir beides für ein richtig gutes Leben.

9. Lektion

Das Außer-
gewöhnliche
im Gewöhnlichen
entdecken

Wir leben in einer Zeit, in der wir nicht mehr nach dem gesellschaftlich Konformen streben, sondern vielmehr nach dem Besonderen. Wir wollen das Einzigartige, um uns von allen anderen abzugrenzen. Um individuell zu sein. Dieses Außergewöhnliche bestimmt das Lebensglück. Wenn man nun aber zurückblickt und sich an die Momente erinnert, in denen man tatsächlich das größte Glück empfunden hat, dann sind dies eigentlich immer ganz gewöhnliche Momente. Ganz normale Situationen mit Familie oder Freunden, in denen man Verbundenheit und Vertrautheit gespürt hat. Wenn man sich auf solch einer aufregenden Reise wie der unseren befindet, auf der aber viel, was man sonst täglich um sich hat, wegfällt, merkt man schnell, dass es die kleinen, alltäglichen Dinge sind, die das Leben so besonders machen. Ein Abendessen im Kreise einer persischen Großfamilie hat mich hier besonders wachgerüttelt und mir klargemacht, dass wir uns regelmäßig daran erinnern sollten, nichts für selbstverständlich zu halten, um auch in der Gewöhnlichkeit des Alltags das Außergewöhnliche zu entdecken.

Weniger ist meistens mehr: Wenn das ganze Leben in vier Taschen passt

Als Max und ich uns vor der Abfahrt darüber informierten, was wohl das Wichtigste für eine lange Fahrradreise wie die unsere sein würde, fanden wir sofort einen Punkt, in dem sich alle Leuten, die wussten, wovon sie sprachen, einig waren: Wir sollten wirklich nur das Allernötigste einpacken. Jedes Gramm zählt, wenn man über matschige Bergwege voller Geröll in Kirgisistan fährt oder sein vollgepacktes Fahrrad durch einen reißenden Fluss in Kasachstan trägt. Auch wenn man es als absolut ahnungsloser Radreiseanfänger wie ich damals nicht glauben mag, aber das eine Buch, die eine Hose oder die eine Creme mehr oder weniger machen tatsächlich einen riesigen Unterschied. Und man kann so oder so nur maximal vier Satteltaschen mitnehmen. Zwei rechts und links über die Vorderreifen und zwei über die Hinterreifen – für mehr ist kein Platz an einem gewöhnlichen Fahrrad. Davon würde eine Tasche für Lebensmittel und genügend Wasser gebraucht werden und eine andere für all die Koch- und Putzutensilien, die man braucht, um sich selbst auch mal eine Packung Nudeln zubereiten zu können. Übrig bleiben also nur noch zwei kleine Fahrradtaschen, um seinen gesamten Besitz zu verstauen.

Ich weiß noch genau, wie ich durch meine Wohnung in Berlin lief, den Blick umherschweifen ließ und völlig überfordert war, darüber nachzudenken, was von all den unzähligen Dingen, die ich besaß, essenziell genug wäre, um in eine der beiden Satteltaschen gepackt zu werden. Ich hatte ungefähr 60 Liter Platz für alles, was ich die nächsten neun Monate für mein Leben brauchte, und musste beachten, dass wir im Sommer und Winter, durch Regen, Schnee und Hitze fahren würden. 60 Liter. Das ist so viel wie eine große Sporttasche. Auf all die schönen Klamotten, Möbel und andere angesammelten Dinge, die mein Leben so komfortabel machten, würde ich nun verzichten müssen.

Damals fühlte es sich so an, als würde ich Sicherheit aufgeben. Dabei war genau das Gegenteil der Fall. Mit nichts außer einem Stapel Klamotten, einer Zahnbürste, einer Kamera und etwas Notfallmedizin um die Welt zu reisen und trotzdem immer alles bei sich zu haben, was man braucht, hat mir eine größere Sicherheit gegeben, als ich je hatte. Ich weiß heute, dass ich selbst, wenn alles wegfällt und ich nichts mehr besitze außer zwei kleinen Taschen, immer noch glücklich sein kann.

Unterwegs auf dem Fahrrad
habe ich von nichts besonders viel – außer Zeit. Und
die nehme ich mir auch
ab und zu, um innezuhalten.
Wie hier in der Moschee
in Schiras im Iran.

Glück hängt nicht im Entferntesten davon ab, wie viel wir haben, sondern viel eher davon, wie viel wir brauchen. Der, der wenig braucht, ist glücklicher als der, der viel hat.

In einer Welt, in der wir ständig das Gefühl haben, nicht mithalten zu können, in der wir in einer Stunde mehr Eindrücken ausgesetzt sind als unsere Vorfahren in ihrem gesamten Leben, in der wir gefühlt immer weniger Zeit haben und in der wir so viele Möglichkeiten haben, dass

Oft rettet uns die große iranische Gastfreundschaft vor Regen und Sturm.

wir oft gänzlich überfordert sind, macht sich, so glaube ich, ein großes Bedürfnis nach mehr Klarheit breit. Weniger Dinge zu besitzen kann zumindest ein Stück weit dabei helfen, diese Klarheit zu gewinnen. Wenn wir weniger Energie und Zeit für die Beschaffung und den Erhalt von Dingen aufwenden, bleibt automatisch mehr für andere Lebensaspekte. Zudem wird es uns leichterfallen, die Vorteile unserer heutigen Zeit zu nutzen, in der wir freier als je zuvor sind und theoretisch überall leben könnten, solange es unser Beruf erlaubt. So viele Menschen träumen davon, die Welt zu entdecken, den aktuellen Wohnort für einen Tapetenwechsel zurückzulassen oder einfach einmal für eine längere Zeit woanders aufzuwachen und einzuschlafen, aber tun es nie, weil sie sich nicht trauen, einfach die Koffer zu packen. Dass es durch den Besitz vieler persönlicher Gegenstände nur noch schwieriger ist, eine solche Entscheidung zu treffen, und man zumindest in psychischer Hinsicht vor einer zusätzlichen Hürde steht, ist offensichtlich. Ich weiß zum Beispiel nicht, ob wir wirklich auf unsere Fahrräder gestiegen wären, wenn ich signifikant mehr Besitztümer gehabt hätte, um die ich mich hätte kümmern müssen. So oder so hätte es die ohnehin nicht einfache Entscheidung nur zusätzlich erschwert, und die Chance, dass ich einfach weitergemacht hätte mit etwas, das mich im Grunde unzufrieden macht, wäre größer gewesen.

Es gibt unzählige Menschen, die nicht wie ich erst mit dem Fahrrad um die Welt fahren müssen, um gezwungenermaßen minimalistisch zu leben, sondern diese Wahl bewusst treffen. Dies zeigt, wie gesellschaftlich präsent der Gedanke ist, dass unser Glück von unseren Besitztümern abhängt, und wie viele Menschen sich für mehr Klarheit und Freiheit von diesem Gefühl befreien möchten.

Glück liegt in normalen Momenten: Warum ich am liebsten an einen Abend in einem chinesischen Restaurant zurückdenke

Wonach es sich im Namen des Glücks zu streben lohnt, wenn es nicht, wie ich bei Max und meinem Gedankenexperiment im Iran gelernt hatte, Geld oder Besitztümer sind, habe ich erst so wirklich durch unzählige Gespräche, die ich nach der Reise geführt habe, verstanden. Um ganz genau zu sein, ist mir die Erkenntnis gekommen, als ich realisiert habe, wie häufig Menschen ganz automatisch davon ausgehen, dass der schönste Moment der Reise – der Moment, an den ich mich am liebsten zurückerinnere – die Ankunft in Peking gewesen wäre. Um diesen Moment zu erleben, sind wir ja schließlich losgefahren. Die Annahme, dass ebenjener Moment zwangsläufig auch der Höhepunkt der Reise gewesen sein müsse, ist durchaus nachvollziehbar. Wenn ich mich nun aber wirklich zurückbesinne und mir den für mich glücklichsten Augenblick vor Augen halten möchte, dann ist das nicht die Ankunft in Peking. Es ist auch nicht der Moment, als ich mit eigenen Augen die erbauten Schulen in Guatemala sah, als wir eine Facebook-Benachrichtigung erhielten, dass Ashton Kutcher unser Video geteilt hatte, oder als wir nach einer gefühlten Ewigkeit endlich die ersten eintausend Kilometer gefahren waren. Für mich ist es ein ganz gewöhnlicher Abend in einem kleinen Ort mitten an einer Bundesstraße in China.

Es war etwa eine Woche, bevor wir in Peking ankamen. Max und ich waren völlig erschöpft, da wir in den letzten Stunden über 80 Kilometer zurückgelegt hatten, und entschieden, uns in einem kleinen Hotel am Rande der Straße einzuquartieren. Ich kann mich noch ziemlich genau daran erinnern, wie nachdenklich ich die Tage zuvor gewesen war. Immer wieder hatte ich mich selbst dabei ertappt, wie ich derart in Gedanken versunken war, dass ich über Kilometer hinweg die wunderschöne chinesische Berglandschaft um mich herum komplett ausgeblendet hatte. Dann schreckte ich jedes Mal wie aus einem Wachschlaf hoch, ermahnte mich, dass all dies bald vorbei sein würde, und richtete meinen Fokus auf die an mir vorbeirauschende Umgebung, nur um kurze Zeit später zu bemerken, wie ich erneut abgedriftet war. Die bevorstehende Ankunft bereitete mir eindeutig Angst, da ich nicht den Hauch einer Ahnung hatte, was danach kommen würde. Die gesamten letzten Monate hatte ich nichts außer Peking vor Augen gehabt, und nun, da wir ein paar Hundert Kilometer davor waren, fiel mir auf, wie wenig ich an irgendetwas anderes gedacht hatte. Nun hatte ich kein nächstes großes Ziel mehr vor Augen, das mich antrieb. Auch konnte ich mir immer noch nicht im Entferntesten vorstellen, dass wir es wirklich beinahe geschafft hatten. So saß ich Tag für Tag auf meinem Fahrrad und zermarterte mir abermals den Kopf darüber, was ich, wenn ich in ein paar Wochen zurück in Deutschland sein würde, mit meinem Leben anstellen wollte.

Bereits die vorherigen Tage hatte ich immer wieder überlegt, dass es sicher gut wäre, einmal mit Max darüber zu sprechen, was mir durch den Kopf ging. Bestimmt hätte er – wie meistens in schwierigen Situationen – einen guten Ratschlag übrig, und vielleicht, dachte ich, ging es ihm ja sogar ähnlich. Aus irgendeinem Grund aber fiel es mir ziemlich schwer, das Thema anzusprechen. Obwohl Max mein bester Freund ist, wollte ich vermutlich einfach nicht zugeben, dass ich mich davor fürchtete, meine Ratlosigkeit kundzutun.

In einem kleinen traditionellen Restaurant neben unserem Hotel, in dem es nichts außer Glasnudeln und chinesischem Bier gab, fasste ich mir dann aber ein Herz und erzählte ihm während des Abendessens, was mich umtrieb. Ich schilderte ihm ganz direkt, wie schlecht ich momentan, da wir nun für so lange Zeit ein solch motivierendes Ziel gehabt hatten, mit dieser Ungewissheit umgehen konnte. Dabei merkte ich sofort, wie allein das Aussprechen all dieser Gedanken eine Last von meinen Schultern nahm und ich im Austausch mit Max direkt eine andere Perspektive auf viele der Dinge, die ich mir gerade von der Seele redete, bekam. Wie ich so dasaß, war ich einfach nur dankbar dafür, einen so guten Freund zu haben, mit dem man über solche Dinge ganz offen und ehrlich sprechen kann.

Im Vergleich zu all den atemberaubenden Landschaften, exotischen Begegnungen, tollen Presseartikeln und dem vorher nicht für möglich gehaltenen Eintreffen in Peking scheint dies ein ganz gewöhnlicher, vielleicht sogar langweiliger Abend gewesen zu sein. Für mich aber ist es der schönste und glücklichste Moment der Reise gewesen.

Dass dies nicht nur mir so geht, hat eine der weltweit bedeutendsten Studien herausgefunden. Eine Untersuchung der Harvard Medical School hat mit mehreren Generationen von Wissenschaftlern 724 Teilnehmer über 75 Jahre hinweg begleitet, um zu verstehen, was uns als Menschen wirklich glücklich macht. Während viele der Probanden zu Beginn der Studie, als sie noch Kinder oder junge Erwachsene waren, an beruflichen Erfolg, Reichtum und Ruhm dachten, haben sie im höheren Alter einstimmig gesagt, dass es nichts anderes als ihre Beziehun-

In guten Freundschaften spricht man über alles. Auf der Reise hingegen verstehen wir uns mit den Fremden, die auch irgendwie Freunde sind, meist ohne Worte.

gen gewesen seien, die sie glücklich gemacht hätten. Egal, wie ihr Leben verlief, ob sie nun tatsächlich reich und erfolgreich wurden oder nicht, bemaß zum Lebensende hin keiner von ihnen daran ein Gelingen. Je tiefer, ehrlicher und besser ihre Beziehungen gewesen waren, als umso gelungener bewerteten sie ihr Leben. Ein guter Freund zum Reden schien für alle Teilnehmer einen hohen Stellenwert in ihrer persönlichen Glücksformel zu haben. Eine andere qualitative Studie von Brené Brown, von der sie in ihrem Buch *Daring Greatly* erzählt, hat Menschen befragt, woran sie sich am liebsten zurückerinnern, wenn sie an ihre verstorbenen Partner denken, welche Bilder sie sich ins Gedächtnis rufen, wenn sie in einer ruhigen Minute ihrer ehemaligen besseren Hälfte Tribut zollen möchten. Hier waren es nie die großen einzigartigen Ereignisse, sondern immer die ganz gewöhnlichen Alltagsmomente, von denen erzählt wurde. Das Zeitunglesen des Ehemanns am Küchentisch, das Summen einer bestimmen Melodie, wenn die Frau gekocht hat, oder der gemeinsame Spaziergang zum Bäcker. Und auch wenn ich während der Recherche für dieses Buch überdurchschnittlich erfolgreiche und berühmte Menschen gefragt habe, welchen Moment in ihrem Leben sie am liebsten noch einmal erleben würden, beinhalteten die Antworten nie außergewöhnliche Situationen. Nie die Millionengewinne, die großen Firmenverkäufe, Sportrekorde oder beruflichen Erfolge. Für keinen der Befragten war das Erreichen eines großen Ziels etwas, das sie nachhaltig glücklich gemacht hat. Es hat sich dadurch nie irgendetwas großartig verändert – wie sie es oft vorher gedacht hatten –, sondern sie erlebten immer nur eine kurz anhaltende Euphorie, und rückblickend war dies nur ein Schritt, der den Weg für den nächsten Schritt geebnet hat. Was sie stattdessen schilderten, waren ganz gewöhnliche Erfahrungen, die sie mit Menschen geteilt hatten, die sie liebten. Momente, in denen sie große Dazugehörigkeit und Dankbarkeit empfunden haben. Hier liegt das wahre Glück verborgen: in der Außergewöhnlichkeit des Gewöhnlichen – und immer nah bei den Menschen, die uns am meisten bedeuten. Es aber tatsächlich dort zu finden und auch halten zu können bedarf vor allem einer ganz bestimmten und vor allem heute selten gemeisterten Fähigkeit, wie ich glaube. Ich würde sogar so weit gehen zu sagen, dass dies die wichtigste Fähigkeit unserer komplexen, schnelllebigen Zeit ist.

Der Unterschied zwischen Wichtigem und Dringlichem: Was ich bei einer persischen Familie über Zeit gelernt habe

Anfang März 2019 – 190 Tage nachdem Max und ich Berlin verlassen hatten – lief ich durch den großen Stadtpark mitten in der iranischen Hauptstadt Teheran und hielt Ausschau nach meinen Eltern. Da auch meine Mutter, wie alle Frauen um mich herum, ein Kopftuch tragen musste, würde es schwierig werden, sie zu erkennen, und so konzentrierte ich mich ganz darauf, meinen Stiefvater ausfindig zu machen. Es war ein sonniger Sonntagnachmittag, der Park war voller Menschen, und ich irrte eine Stunde suchend umher, ehe ich die beiden auf einer Parkbank im Schatten sitzend fand. Erst in dem Moment, als ich sie von Weitem sah, sie mich aber noch gar nicht entdeckt hatten, realisierte ich, dass sie wirklich hier waren. Im Iran. Seit ich vierzehn Jahre alt war, war ich nicht mehr mit meinen Eltern im Urlaub gewesen, und durch mein Studium im Ausland hatte ich sie, seit ich ausgezogen war, nur ein- oder zweimal pro Jahr für ein paar Tage gesehen. Meistens war ich nur zu Weihnachten zu Hause gewesen. Dass sie nun tatsächlich samt Fahrrädern aus Deutschland hergeflogen waren und uns die nächsten zwei Wochen über 500 Kilometer quer durch den Iran bis zur turkmenischen Grenze begleiten würden, war wunderschön und bereitete mir gleichzeitig auch etwas Sorge. »Was ist, wenn sich herausstellt, dass wir gar nicht mehr miteinander auskommen, wenn wir so viel Zeit zusammen verbringen? Was ist, wenn die beiden, obwohl sie gerne Fahrrad fahren, gar keinen Spaß an den zwei Wochen haben werden? Was ist, wenn ihnen etwas passiert? Was ist, wenn sie sich körperlich überschätzt haben – sie sind immerhin inzwischen über fünfzig Jahre alt?« All das

Zeit ist subjektiv. In Kirgisistan
fällt uns das besonders auf.

schoss mir im Bruchteil einiger Sekunden durch den Kopf und war
dann aber genauso schnell wieder vergessen, als sie mich ebenfalls sahen
und wir uns zur Begrüßung in den Arm nahmen.

Von den nächsten zwei Wochen, in denen meine Mutter und mein
Stiefvater uns durch den Iran begleiteten, sind mir zwei Momente ganz
besonders in Erinnerung geblieben. Den ersten durfte ich, drei Tage
nachdem wir Teheran verlassen hatten, erleben. Es war schon später
Nachmittag, und die Sonne stand bereits recht tief, als wir nach einer
stundenlangen Bergabfahrt das kleine Dorf erreichten, in dem wir die
Nacht verbringen wollten. Da es aus Teheran direkt auf beinahe 2000
Meter Höhe über die Berge ging, waren wir alle erschöpft von den
letzten beiden Tagen, und so fluchte ich laut, als wir feststellen mussten,

dass die einzige Unterkunft weit und breit geschlossen hatte. Ohne meine Eltern wäre es kein Problem gewesen – Max und ich hätten uns einfach irgendwo einen Zeltplatz hinter einem Haus gesucht –, aber in der jetzigen Konstellation war ich froh, als zum gefühlten einhundertsten Mal in den letzten Monaten die Iraner ihrem gastfreundschaftlichen Ruf wieder alle Ehre machten.

Der Mann, der uns diesmal ansprach und zu sich einlud, hieß Ahmet. Nachdem er uns vor dem Hotel in gebrochenem Englisch gefragt hatte, ob wir Hilfe brauchten, fuhr er keine fünf Minuten später mit einem kleinen, mit vier Kindern vollgepackten Golf vor uns her und geleitete uns zu seinem Haus. Bei unserer Ankunft erwarteten uns noch mehr Menschen. Bereits vom Auto aus schien er seiner ganzen Familie Bescheid gesagt zu haben, und so lernten wir neben seiner Frau, seinen vier Kindern und seinen Eltern, die mit im Haus wohnten, auch noch seinen Bruder mit Frau und zwei Kindern sowie seine Schwester mit Mann und drei Kindern kennen. Max und ich hatten uns über die letzten Wochen und Monate in der Türkei und dem Iran schon daran gewöhnt, dass völlig fremde Menschen einen zu sich nach Hause einladen und man der ganzen Familie vorgestellt wird, aber für meine Eltern war dieses Prozedere natürlich völlig neu.

Ich weiß noch genau, wie wir mit über zwanzig Personen auf einem großen persischen Teppich um das Abendessen herum saßen, ich Ahmets große Familie währenddessen beobachtete und darüber nachdachte, wie viel öfter man in einer solchen Kultur Eltern und Kinder beisammen sieht. Ich dagegen hatte meine Eltern die letzten fünf Jahre vielleicht fünfzehnmal gesehen, und damit war ich in meinem Freundeskreis keine Ausnahme. Dieser Moment, in dem ich das realisierte, war für mich der erste der beiden so wichtigen Augenblicke. Ich war

Im Iran zelten wir kaum,
weil wir jede Nacht woanders
eingeladen werden.

dankbar dafür, dass ich so etwas erleben, und vor allem, dass ich es mit meinen Eltern teilen durfte.

Der andere Moment, den ich als ganz besonders empfand, war, als ich mich von meiner Mama und meinem Stiefvater verabschiedete, weil Max und ich weiter nach Turkmenistan reisten. Der Abend im Kreise von Ahmets Familie hatte mich nachdenklich gestimmt, und ich hatte mir in den letzten Tagen auf meinem Fahrrad fest vorgenommen, meiner Mutter und meinem Stiefvater zu sagen, dass ich sie liebe, bevor sie in den Bus zurück nach Teheran steigen würden. Für diejenigen, die das ihren Eltern regelmäßig sagen, mag das wie eine Lappalie klingen, aber für mich war es sehr viel schwieriger, als es eigentlich sein sollte. Tatsächlich hatte ich sogar schon vor der Reise öfter darüber nachgedacht, aber dann immer wieder abgewiegelt, dass sie es ja sicher ohnehin schon wissen würden, was natürlich nicht mehr als eine schwache Ausrede war. Als wir dann aber am Busbahnhof standen und ihre Fahrräder in den nach Teheran fahrenden Reisebus luden, erinnerte ich mich daran, wie entschlossen ich noch vor ein paar Tagen während des Abendessens gewesen war und wie wichtig es mir anscheinend zu sein schien. Also gab ich mir einen Ruck. »Schön, dass ihr da wart. Passt auf euch auf, habt noch eine gute Rückreise, und ich liebe euch beide«, sagte ich, während der Busfahrer unter Scheppern und Fluchen das Fahrrad meiner Mutter in den Stauraum lud. »Wir dich auch, Nono. Passt ihr auf euch auf! Ihr habt noch ein bisschen mehr vor euch!«, antwortete meine Mama schluchzend, und wir umarmten uns. Nach dem Abend mit Max in dem kleinen chinesischen Restaurant ist das der Moment, der mir direkt als zweiter in den Kopf schießt, wenn ich gefragt werde, woran ich mich am liebsten zurückerinnere.

Die Fähigkeit aber, die mir den Mut verliehen hatte, das zu tun, was ich schon seit Ewigkeiten tun wollte, ist nichts anderes als ein gutes Verständnis für die eigene Zeit auf der Welt. Durch den kurzen Perspektivenwechsel in Ahmets Welt hatte ich das erstmalig wirklich entwickelt. Für mich ist es die wichtigste Fähigkeit in unserer heutigen schnelllebigen Welt. Mit einem guten Verständnis der Zeit meine ich natürlich nicht, zu wissen, wann eine Stunde oder eine Minute vorbei ist, sondern vielmehr, eine Sensibilität dafür zu entwickeln, wie vergänglich alles ist. Im Grunde, wenn wir ganz ehrlich zu uns sind und ganz tief in uns hineinhören, wissen wir doch alle, dass es nicht mehr Geld, Likes, Status oder Aufmerksamkeit ist, was uns glücklich macht, sondern eben nur die Zeit mit den Menschen, die uns wichtig sind. Das zu wissen und danach zu handeln sind aber dennoch zwei grundverschiedene Dinge. Wir können noch so viel darüber lesen, wie eine Millionen auf dem Konto nichts Großartiges verändert, noch so oft von älteren Menschen hören, dass nichts wichtiger ist, als das zu tun, was man liebt, und noch so viele TED Talks schauen, in denen beruflich erfolgreiche Menschen davon erzählen, wie unglücklich sie nichtsdestotrotz waren. Die Wahrscheinlichkeit ist groß, dass wir zwar instinktiv wissen, wie wahr all dies ist, es dann aber im hektischen Alltag trotzdem schnell wieder vergessen. Besonders in unserer Gegenwart, die von gefühlt Dringlichem – einer Nachricht hier, einem Like dort – angefüllt ist, findet wirklich Wichtiges immer weniger Platz. Das Gefährliche ist, dass wir nie sagen: »Das mache ich nicht«, sondern vielmehr: »Das mache ich auf jeden Fall – aber erst morgen.« Wie schnell es aber dann passieren kann, dass für das Wichtige keine Zeit mehr bleibt, wird uns immer erst bewusst, wenn wir plötzlich und ohne Vorwarnung daran erinnert werden. Durch einen guten Film, eine inspirierende Rede, den Tod eines nahestehenden Menschen oder eigene gesundheitliche Probleme.

Wenn wir nun aber ein klares Verständnis dafür entwickeln, wie viel Zeit wir für welche Dinge aufwenden und wie viel Zeit wir aller Wahrscheinlichkeit nach überhaupt insgesamt noch haben, dann merken wir schnell, dass es keinen Sinn ergibt, nur nach Geld zu streben und andere wichtige Dinge hintanzustellen. Dann sagen wir den Menschen, die wir lieben, das sofort. Dann tun wir die Sachen, die Spaß machen, häufiger. Dann verweilen wir nicht über Jahre in einem Beruf, der uns unzufrieden macht. Dafür ist keine Zeit. Dieser Gedanke, das Leben zu quantifizieren, um es letztendlich qualitativ besser zu machen, kam mir, als ich Ahmets und meine Mutter nebeneinandersitzen sah. Ich dachte daran, wie viel öfter Ahmet seine Mama, mit der er von jeher unter einem Dach wohnte, im Laufe seines gesamten Lebens sehen würde. In

Deutschland beträgt die durchschnittliche Lebenserwartung 81 Jahre. Wenn ich nun im Extremfall wie bei Ahmet meine Mama, die zu dem Zeitpunkt 53 Jahre alt war, ab jetzt jeden Tag sehen würde, dann könnte ich voraussichtlich noch über 10 000 Tage mit ihr verbringen. Eine Menge Zeit mit einem geliebten Menschen. Zeit, die man genießen und in der man gemeinsam tolle Erinnerungen schaffen kann. Sollte ich nun aber so weitermachen wie bisher und meine Mutter nur dreimal im Jahr besuchen, dann würde ich sie nicht einmal mehr 90-mal sehen. 90-mal. Das wären von jetzt an nur noch drei Monate. Bei dem Gedanken zog es mir damals buchstäblich den Boden unter den Füßen weg. Sich mit greifbaren Zahlen vor Augen zu halten, wie viele gemeinsame Tage man laut Statistik noch mit einem anderen Menschen hat, mag zwar eine beängstigende Rechnung sein, die es auch erfordert, sich ziemlich ehrlich mit dem Tod auseinanderzusetzen, aber es lohnt sich, ein gutes Verständnis für Zeit zu entwickeln. Wenn wir diese Fähigkeit haben, dann hören wir sofort auf, wichtige Dinge immer weiter aufzuschieben – sowohl im Beruflichen als auch im Privaten. Dann fangen wir endlich an, mehr Platz im Leben für das zu schaffen, was wirklich bedeutsam ist.

Ich bin um die ganze Welt gereist, um Antworten auf die Frage zu finden, was ein richtig gutes Leben ausmacht – nur um am Ende zu verstehen, dass ich dafür nie hätte losfahren müssen. Wenn wir begreifen, wohin unsere Zeit tatsächlich fließt, wie viel davon wir mit uns wichtigen Menschen verbringen, und vor allem, wie schnell es gehen kann, keine Möglichkeit mehr dazu zu haben, dann sind die gewöhnlichen Dinge ganz schnell außergewöhnlich, und das gute Leben wartet direkt vor unserer Haustür.

An alle,
die immer einen
Grund finden ...

... warum sie gerade nicht glücklich sein können. An all die, die Angst davor haben, nicht besonders genug zu sein, und deshalb immer versuchen, ihr persönliches Glück in außergewöhnlichen Sachen zu suchen. Und an die, die ähnlich wie ich so wichtige Dinge, wie den eigenen Eltern zu sagen, dass man sie liebt, immer wieder aufschieben: *Nimm dir in unserer schnelllebigen Welt immer die Zeit für Dankbarkeit! Es gibt zwei Wege zum Glück: Entweder alles zu bekommen, was man will, oder alles zu wollen, was man hat.*
Schau dir also an, was du alles in deinem Leben hast, und mach dir, auch wenn es Angst macht, bewusst, dass dem nicht ewig so sein wird. Wir empfinden unseren Mangel an Glück und Zufriedenheit nur deshalb, weil wir ihn leben und uns stets dessen bewusst sind, was uns vermeintlich fehlt, aber nur sehr selten, was wir eigentlich bereits alles haben. Dankbarkeit ist das Gegenmittel gegen diese gefühlte Unvollständigkeit, und wir empfinden sie eben am ehesten, wenn wir ein gutes Verständnis für Zeit haben.
Zudem befeuert Dankbarkeit Erfolg und nicht umgekehrt. Und die damit einhergehende Freude am Leben befeuert Leistung und nicht umgekehrt. Wer Außergewöhnliches vollbringen will, sollte also im ersten Schritt einmal Dankbarkeit für Gewöhnliches empfinden.

10. Lektion

Ziele lassen einen losgehen, aber nicht ankommen

In Zeiten, in denen im Internet immer nur ein kleines Fragment der Wirklichkeit gezeigt wird, wo man stets vor Augen gehalten bekommt, was andere haben, aber selten, wie sie dort hingekommen sind, und wo jeder jetzt schon jemand sein, aber keiner noch jemand werden will, verliert man schnell aus den Augen, dass es im Grunde nicht darum geht, irgendwo anzukommen. Vielmehr muss man auf dem Weg zum vermeintlichen Ziel merken, dass es der richtige für einen ist. Aber wahrscheinlich ist es dann einfacher zu verstehen, dass es eigentlich immer um die Reise selbst geht, wenn man tatsächlich nach einem langen und beschwerlichen Weg an seinem Ziel ankommt. So ging es auf jeden Fall mir, als ich nach 15 000 Kilometern in Peking eintraf.

Ziele wollen gesteckt, aber nicht unbedingt erreicht werden:
Wie sich die Ankunft in Peking angefühlt hat

Ich für meinen Teil konnte mit dem Kalenderspruch, dass der Weg das Ziel ist, nie großartig etwas anfangen. Für mich ging es immer darum, meine Ziele um jeden Preis zu erreichen. Ich war stets der Meinung, dass man sich einfach nur großartig fühlt, wenn man endlich schafft, worauf man lange hingearbeitet hat, und dass sich das Leben doch eigentlich um nichts anderes drehen kann als darum, Ziele zu erreichen. So hatte ich mich zum Beispiel, wenn ich vor der Abfahrt aus Berlin ins Zweifeln kam, mit der Vorstellung motiviert, wie unglaublich dieses Gefühl wohl sein müsste, in Peking anzukommen. Es irgendwann geschafft zu haben. Durch Winter, Sommer, Schnee und Eis gefahren zu sein und nach all den Strapazen endlich das Ziel erreicht zu haben. In meinem Kopf war es klar, dass das wohl der glücklichste und stolzeste Moment in meinem Leben sein würde. Man hätte mir noch so oft sagen können, dass sich nichts großartig ändert und dass die überschwängliche Freude beim Erreichen eines großen Ziels, wenn überhaupt, nur kurz anhält; ich hätte es niemals geglaubt. Meist muss man die Dinge eben selbst erleben, um sie wirklich zu verstehen.

Als ich am 7. Mai 2019 morgens aufstand und meine Sachen überall in dem kleinen chinesischen Hostelzimmer verstreut herumliegen sah, kam in mir wieder das komische Gefühl hoch, das ich in der letzten Woche schon öfter gespürt hatte, aber nie wirklich zuordnen konnte. Heute war das letzte Mal, dass ich alles in meine Satteltaschen packen und diese an mein Fahrrad hängen würde. Ich dachte zurück an all die Momente, in denen ich mir diesen Tag sehnlichst herbeigewünscht hatte. An den Morgen in der Türkei, als ich früh aufwachte, weil es selbst im Zelt kälter als minus 10 Grad war und draußen ein Schneesturm an den in den gefrorenen Boden geschlagenen Heringen zerrte. Wie ich so dalag in meinem von außen gefrorenen und von innen klamm feuchten Schlafsack, die Kapuze meiner Winterjacke so fest zugezogen, dass möglichst nur Nase und Mund mit der eiskalten Luft in Berührung kamen, wollte ich nichts weniger, als aufzustehen und das Fahrrad zu beladen. Ich dachte auch an die Fahrt durch die turkmenische Wüste, als ich nach einer schlaflosen Nacht voller Magenkrämpfe, Schüttelfrost und Fieber merkte, wie unser Zeltboden langsam mit Wasser volllief, weil die Erde unter unserem Zelt vom Starkregen weggespült worden war und sich stattdessen eine große Pfütze gebildet hatte. In dem Moment hätte ich alles dafür gegeben, nicht aufstehen, unter prasselndem Regen das Zelt abbauen und die Fahrräder beladen zu müssen, nur um dann stundenlang mit Schmerzen bis zum nächsten Krankenhaus zu fahren. Und nun war es tatsächlich so weit. Nach ganzen 247 Tagen auf dem Fahrrad würden wir heute Peking erreichen, und dann müsste ich nie wieder meine Klamotten in eine Satteltasche stopfen. Nie wieder das Zelt mit vor Kälte tauben Fingern abbauen. Nie wieder mein Fahrrad überladen. Doch wider Erwarten stellte sich, während ich das letzte Mal den Gummispanner um die Taschen auf dem Gepäckträger wickelte, nicht die vorher immer prophezeite große Freude ein. Vielmehr hatte ich das Gefühl, dass mein Kopf der Realität, nach der wir nur noch 60 Kilometer von unserem Ziel entfernt waren, noch um einiges hinterherhinkte. So ganz begreifen, wie nah wir unserem örtlichen Ziel waren, konnte ich bisher nicht.

Während wir am rechten Straßenrand des dicht befahrenen chinesischen Highways entlangfuhren und Peking Stück für Stück näher rückten, ging ich im Kopf noch einmal die letzten Monate durch. Seit meiner Entscheidung vor einem Jahr, den mir angebotenen, gut bezahlten Einstiegsjob in Amsterdam nicht anzunehmen, sondern stattdessen einen noch gänzlich unbekannten Weg einzuschlagen, war so viel passiert, dass es mir vorkam, als würde ein ganzes Leben dazwischenliegen. Als ich daran zurückdachte, wie verloren ich mich damals kurz vor Ende des Studiums gefühlt hatte, meldete sich das komische Gefühl vom heutigen Morgen wieder in meiner Magengrube. »Kann es sein, dass ich trotz allem, was ich nun geschafft habe, wieder in einer ähnlichen Situation bin wie damals?«, schoss es mir durch den Kopf, und instinktiv wusste ich, dass ich damit recht hatte. Wieder einmal war ich kurz vor meinem Ziel und hatte Angst davor, nicht so recht zu wissen, wie es

In China müssen wir oft auf großen
Highways fahren und uns die
Straße mit Bussen, Autos und Motor-
rollern teilen.

danach weitergehen sollte. Diesmal war das Ziel nur eben nicht ein Zertifikat, auf dem Bachelor of Science stand, sondern Peking.

Ich würde auch jetzt, spätestens wenn ich zurück zu Hause sein würde, wieder etwas Neues beginnen, von dem ich zum jetzigen Zeitpunkt noch nicht wusste, was es denn genau sein wird. Zwischen meiner damaligen Situation in Amsterdam, als ich nicht wusste, was ich alternativ zu meinem Jobeinstieg tun könnte, und der jetzigen bestand jedoch ein wesentlicher Unterschied. Diesmal würde ich mir weder Druck machen noch mich in Angst, Überforderung oder Orientierungslosigkeit verlieren. Als ich vor neun Monaten mit dem Fahrrad losgefahren war, hatte ich mich dafür entschieden, darauf zu vertrauen, dass sich alles fügt, wenn man nur dem eigenen Weg folgt. Die Lektionen, die ich durch diese Entscheidung während meiner Reise lernen durfte, würden es mir für mein restliches Leben – wenn man so will: für meine restliche große Reise – ermöglichen, immer wieder dasselbe zu tun. Immer wieder meinem Weg zu folgen. Da war ich mir in diesem Moment, in dem ich auf dem Sattel saß, sicher.

Ich trat weiter in die Pedale, fuhr an einem Schild vorbei, auf dem Peking in einer Entfernung von nur noch 10 Kilometern angekündigt wurde, und an die Stelle des komischen Gefühls in der Magengrube trat eine große Dankbarkeit für alles, was ich auf dieser Reise lernen durfte. Kein Wunder, dass ich vor einem Jahr, noch mitten im Studium, so überfordert mit solch wichtigen Lebensentscheidungen gewesen war, dachte ich. All diese Lektionen, die ich in den letzten Monaten zwischen Deutschland und China erteilt bekommen hatte und die mir jetzt die Richtung für ein wirklich gutes Leben weisen würden, lernt man eben nicht in irgendeiner Vorlesung. Für diese muss man Entscheidungen treffen, Zweifel ausblenden, den ersten Schritt machen, die schwie-

**15 120 Kilometer entfernt von
Berlin erreichen wir am
7. Mai 2019 endlich Peking.**

rige Anfangszeit aushalten, stets die Richtung anpassen, sich nicht durch Ablenkungen vom Weg abbringen lassen, das Wichtige nicht aus den Augen verlieren und immer weitermachen, bis man zum Ziel kommt. Und erst dann, wenn man angekommen ist, wird man wohl verstehen, dass man nie wirklich ankommt. Dass man wieder ein anderes Ziel braucht, in dessen Richtung man sich ausrichten kann, und dass die besten Ziele diejenigen sind, die einem stets Sinn und Motivation geben, die man aber nie erreichen kann.

Als wir kurze Zeit später in Peking eintrafen und unsere Räder auf dem Tian'anmen-Platz abstellten, um ein Beweisfoto unserer Ankunft zu machen, fühlte ich mich großartig. Ich hätte platzen können vor Glück. Aber nicht, weil wir nach neun langen Monaten unser Ziel erreicht

Während der Reise treibt mich das
Ziel, am Tian'anmen-Platz anzu-
kommen, oft an. Und nur dafür sind
Ziele da, wie ich finde.

hatten, sondern weil mir auf den letzten Metern noch einmal bewusst geworden war, was wir alles auf dem Weg hierher lernen durften. Wir waren nicht am Zieleinlauf gewachsen, sondern auf dem 15 000 Kilometer langen Weg hierher. Noch bevor wir wieder zurück auf den Sattel stiegen, um zu unserer Unterkunft zu fahren, postete ich das Foto von Max und mir vor dem Tian'anmen-Tempel auf Instagram. Als Bildunterschrift schrieb ich einfach intuitiv drauflos, ohne groß nachzudenken. Meiner Meinung nach spiegeln diese Worte, die direkt aus dem Herzen kamen, genau das wieder, was ich in dem Moment gefühlt habe:

We made it! 8,5 months ago, we set off with our bikes from Berlin. We didn't train for it. We only knew which road we want to take and for what we are doing all of this. In the end, this road led us through 20 countries, 15 000 kilometers through summer and winter until Beijing. It enabled us to build one (soon two) schools for more than 1000 kids. And you know why all of this happened the way it did? Because we were willing to risk the unusual to do not settle for the ordinary. We decided for the road less traveled. And that made all the difference.

Wenn ich sage, dass der Zweck von Zielen nicht darin besteht, erreicht zu werden, dann meine ich damit in keinem Fall, dass wir uns keine setzen sollten. Im Gegenteil: Zielsetzungen sind unerlässlich. Sie erleichtern uns das Leben erheblich, weil sie uns einen Kurs vorgeben, an dem wir uns orientieren können. Und da die Richtung stets wichtiger ist als die Geschwindigkeit, ist es meist ein Ziel, das uns überhaupt erst loslegen lässt. Ohne Peking als Ziel wären wir niemals von Berlin aus losgefahren, hätten niemals die Schulen gebaut, und ich hätte niemals dieses Buch geschrieben. Was ich vielmehr damit meine, ist, dass das Leben sich erst wirklich und langfristig richtig gut anfühlen wird, wenn wir stets etwas haben, wovon wir träumen können. Etwas, das uns einen Sinn verleiht und woran wir unsere Entscheidungen ausrichten können. Etwas, womit wir die Frage beantworten können, warum wir tun, was wir tun. Warum? Darum. Verfügen wir über diesen richtungsweisenden Traum aus irgendeinem Grund nicht, dann geraten wir schnell in eine Orientierungslosigkeit, in der wir eben tun, was man halt so tut – egal ob es uns wirklich zufrieden macht oder nicht. Dann schauen wir nach rechts und links, gucken, was andere machen, anstatt darauf zu hören, was wir eigentlich selbst wollen. Das Ergebnis ist, dass wir einen schon unzählige Male begangenen Weg einschlagen, dem sich zwar einfacher folgen lässt, der uns aber mit hoher Wahrscheinlichkeit eben dahin bringt, wo auch schon unzählige andere vor uns angekommen sind. Und Fakt ist nun mal, dass dies dann ziemlich sicher nicht unser Traum ist, sondern der Traum desjenigen Menschen, der damals zuerst diesen Weg gegangen ist. Was wir also brauchen, um nicht in solche orientierungslosen Situationen zu kommen, in denen man sich leicht in dem Meer möglicher Lebenswege verlieren kann, ist ein Traum, der so riesig ist, dass man ihn nie wirklich erreichen kann. Der uns Sinn gibt und uns auch in schwierigen Zeiten weitermachen lässt. An diesem einen großen unerreichbaren Ziel können wir ganz viele kleinere Ziele ausrichten, dank derer wir auf der richtigen Spur bleiben.

Mit der Ankunft in Peking hatte ich mein großes persönliches Ziel, von dem alle mir gesagt hatten, dass es unmöglich sei, erreicht. Und obwohl ich nun durch die Lektionen der letzten Monate ein anderes Vertrauen in mich und meinen Weg entwickelt hatte, ertappte ich mich in den letzten Tagen in Peking immer wieder dabei, wie ich meine jetzige Situation mit der von vor einem Jahr verglich, als ich noch Student war.

An alle,
die Sehnsucht haben,
irgendwo anzukommen.

An all die, die sich nicht trauen, wirklich groß zu denken. Und an diejenigen, die ihre Zufriedenheit immer wieder hinter einer Ziellinie suchen: *Du solltest lieber so riesige Träume haben, dass es dir fast unangenehm ist, über sie zu sprechen, statt sehr einfach erreichbar erscheinende Ziele!* Ich denke, dass der häufigste Grund, warum wir Menschen daran scheitern, wirklich glücklich zu sein und uns unsere Träume zu erfüllen, einfach nur der ist, dass wir irgendwann aufgehört haben, sie zu verfolgen. Es klingt banal, aber so ist es. Stattdessen fangen wir irgendwann an, uns einfache Ziele zu stecken, von denen wir wissen, dass wir sie ohnehin erreichen werden, und suchen hierin vergeblich unser Glück.

Nach unserer Reise hat Max etwas gesagt, womit er, wie ich finde, den Nagel auf den Kopf getroffen hat: »Ich glaube, dass es bei einem Ziel nie darum geht, etwas Endgültiges zu erreichen – wie Peking oder eine Spendensumme. Es ist nur ein Schritt, der den Weg für den nächsten Schritt ebnet – für dich oder eben für jemand anderen. Und diesen Weg, auf dem du diesen Schritt machst, gehst du am besten mit jemandem gemeinsam.«

Erst nachdem wir eine knappe Woche nach unserer Ankunft direkt weiter nach Guatemala geflogen waren, um vor Ort die Schulen zu eröffnen, begriff ich so wirklich, dass die Reise eigentlich nur ein erster kleiner Schritt auf meinem künftigen Weg war. Dort entdeckte ich, was mein eigentlicher großer Traum war.

Gute Dinge kommen oft unerwartet

Betrachtet man meine Reise in der Retrospektive und erinnert sich zurück, wie verloren ich kurz vor Ende des Studiums war, wird schnell klar, dass ich damals in Amsterdam auf der Suche nach etwas war, das mich erfüllen würde. Wie so viele Menschen habe ich nach der einen Sache Ausschau gehalten, die ich mit Begeisterung verfolgen könnte. Etwas, das mein Leben so richtig gut machen würde. Allerdings wird einem beim Betrachten auch klar, dass dies nicht das Ziel war, das mir vorschwebte, als ich in Berlin losfuhr – das Ziel war, eine Schule zu bauen. Nicht mehr und nicht weniger. Hierfür habe ich in die Pedale getreten und mich angestrengt und nicht dafür, unbedingt so schnell wie möglich meine Leidenschaft zu finden. Ich glaube, dass dieses »Nicht-Suchen« paradoxerweise der Grund dafür ist, dass ich tatsächlich etwas gefunden habe. Es ist ein bisschen vergleichbar mit dem Einschlafen: Je stärker man es auf Kommando probiert, desto schlechter klappt es in der Regel. Wenn man es aber schafft, einfach weniger zu denken und mehr geschehen zu lassen, dann schläft man problemlos ein. Dass man nicht umso stärker suchen sollte, je dringender man etwas finden will, habe ich in Guatemala auf einmal verstanden.

Zu den eigenen Träumen stehen: Warum wir in Guatemala eine Kiste voller Bilder vergruben

Bereits lange bevor Max und ich mit dem Fahrrad China erreicht hatten, waren wir von *Pencils of Promise* eingeladen worden, eine Woche lang zusammen mit einem Team von Mitarbeitern und engen Unterstützern durch Guatemala zu reisen, mehr über die Arbeit der Hilfsorganisation vor Ort zu lernen und verschiedene Schulen zu besichtigen. Unter anderem würden wir uns auch die erste der beiden Grundschulen ansehen, deren Bau durch unsere viral gegangene Spendenkampagne ermöglicht worden war. Diese war bereits drei Monate vor unserer Ankunft in China fertiggestellt worden, die allererste Gruppe von Grundschülern war schon eingeschult, und die Klassenräume schienen laut unseren E-Mail-Updates bis zum Anschlag gefüllt zu sein. Für die zweite Schule hingegen hatten die Bauarbeiten noch nicht begonnen. Aber eine Schulbesichtigung war mehr als genug für mich, um allein beim Lesen der Ankündigung, dass wir bald mit eigenen Augen sehen würden, was wir ermöglicht hatten, eine Gänsehaut zu bekommen.

In der Einladung, die per E-Mail kam, hieß es, dass dieser Ausflug aus organisatorischen Gründen nur einigen wenigen Unterstützern, den sogenannten *Purpose Council Members,* vorbehalten sei. Dazu zählen besonders engagierte Unterstützer der Organisation, meist bedeutende Unternehmer, Künstler, Musiker oder Sportler. In der Vergangenheit hatten zum Beispiel Justin Bieber und Lil Jon an Rundreisen durch Guatemala und Ghana teilgenommen. Und nun hatten auch wir die Chance, dabei zu sein. Dadurch, dass unsere eigene Spendenkampagne zu solch einem großen Erfolg geworden war, wurden wir automatisch Teil des *Councils* und mit etwa zwanzig anderen Namen in der E-Mail-Liste aufgeführt. Aus purer Neugier, wen wir auf dieser kleinen Rundreise alles kennenlernen würden, scrollte ich durch die Liste auf meinem Handybildschirm und konnte kaum glauben, welcher Name direkt unter unserem stand: Lewis Howes. Der Lewis, der mich mit seinem Podcast schon seit Jahren begleitete, der mir mit seinen Gesprächen so häufig geholfen hatte und der mich im ersten Schritt überhaupt dazu bewegt hatte, etwas Eigenes auf die Beine zu stellen. Konnte das wirklich sein? Ich hätte nie in meinem Leben für möglich gehalten, ihn einmal persönlich zu treffen. Gleichzeitig aber fühlte es sich so an, als würde sich damit ein Kreis schließen: Ohne ihn hätte es die gesamte Reise schließlich niemals gegeben.

Von den insgesamt sechs wunderbaren Tagen, die wir gemeinsam mit dieser Gruppe inspirierender Menschen in Guatemala verbringen durften, ist mir vor allem der allerletzte Tag im Gedächtnis geblieben. Nachdem wir an den Tagen zuvor verschiedene Dörfer und die dazugehörigen Schulen besucht hatten, würden wir am letzten gemeinsamen Tag ein traditionelles Dorf mitten im Landesinneren besuchen. Diese kleine Community war ausgewählt worden, die nächste durch Spendengelder finanzierte Schule zu erhalten. Aus all den vielen Orten in Guatemala, in denen ebenso Bedarf an struktureller Verbesserung der Bildungsmöglichkeiten bestand, hatte das Team von *Pencils of Promise* in einem langen, sorgfältigen Prozess entschieden, dass diese Gemeinde sie am dringendsten benötigte. Bis dato erhielten die Kinder nur äußerst unregelmäßig Unterricht in einem kleinen Häuschen am Rande des Dorfes, das einem Bretterverschlag ähnelte. Schon bei leichtem Regen tropfte das Wasser nur so von der hölzernen Decke, und bei Sturm mussten die Kinder sogar ganz zu Hause bleiben, da die Planken für dieses Wetter nicht ausgelegt waren und Gefahr liefen zusammenzubrechen. Doch nun würde sich all das ändern, und die Kinder sollten endlich ein richtiges Schulgebäude erhalten.

Ich werde mit einem Plakat emp-
fangen, auf dem sinngemäß steht:
»Danke, dass du dabei hilfst, dass
wir lernen können.«

Alle Kinder versammeln sich aufgeregt um uns herum für die »Tradition der Träume«.

Ich war aufgeregt, diese Community am nächsten Tag besuchen zu dürfen, und als Tanya, die Geschäftsführerin von *Pencils of Promise*, uns während des Abendessens erzählte, dass es eine große Überraschung vor Ort geben würde, deren Ankündigung sie kaum erwarten konnte, freute ich mich nur noch mehr. Aus Erzählungen der anderen Reisenden wusste ich, dass manche Dörfer, die bereits lange auf Unterstützung warteten, nichts von ihrem bevorstehenden Glück ahnten und stattdessen im Rahmen einer für sie vorbereiteten Überraschungszeremonie davon erfuhren. Die Dorfgemeinschaft, die wir am nächsten Tag besuchen würden, schien, wenn ich Tanyas Zwinkern richtig deutete, wohl nicht zu wissen, was auf sie zukam. Umso mehr freute ich mich auf einige sehr aufregende Stunden. Wie aufregend es tatsächlich werden würde, konnte ich zu diesem Zeitpunkt allerdings noch nicht ahnen.

Als wir nach einer mehrstündigen, holprigen Fahrt in dem abgelegenen Dorf mitten im grünen Dschungel Guatemalas eintrafen, wurden wir herzlichst begrüßt. »Sie scheinen wohl doch zu wissen, was heute passiert«, dachte ich, aber sagte nichts dazu, um nicht auch noch auf die missglückte Überraschung hinzuweisen. Alle Bewohner hatten sich eingefunden, sangen laute, fröhliche Lieder, und die Kinder hielten bunt bemalte Plakate hoch. Die Frauen waren in ihre farbenfrohsten Gewändern gekleidet, und die Männer hatten teilweise große Hüte aufgesetzt und trugen Hemden. Es war eine Stimmung, die die Luft zum Summen brachte und einen allein bei diesem Anblick in einen euphorischen Zustand versetzte. Wir tanzten ein paar Minuten mit den Kindern und wechselten ein paar Sätze in gebrochenem Spanisch, bevor wir zum Dorfplatz geführt wurden.

Hier erklärte uns der Dorfvorstand, dass wir bei einer für sie sehr wichtigen Tradition, die wörtlich übersetzt die »Tradition der Träume in der Kiste« heißt, mithelfen dürften. Dieser uralte Brauch, der nur noch in den sehr traditionellen Dörfern gepflegt wird, besagt, dass immer, bevor eine Schule erbaut wird, die erste Schülerschar ihre Träume für die Zukunft am Bauplatz vergraben muss. Sie sind im übertragenen Sinne das Fundament für die neue Schule.

In einem Land, wo viele Erwachsene nie die Möglichkeit hatten, lesen und schreiben zu lernen, hat ohne eine solche Schule keines der Kinder auch nur annähernd eine Chance, den eigenen Traum zu verwirklichen. Wer in Guatemala in einer sehr ländlichen Region aufwächst, spricht oft nur eine der traditionellen Maya-Sprachen und wird ohne Unterricht wahrscheinlich nie genügend Spanisch lernen, um in einer größeren Stadt einem Beruf nachzugehen. Aber nun erhielten die Kinder durch diese Schule eine Chance auf die Verwirklichung ihrer Träume, und wir hatten die große Ehre, dieser Tradition beizuwohnen.

Max und ich wurden gemeinsam mit Lewis und einigen anderen aus unserer Gruppe von einer Horde Kindern unter Schreien, Lachen und Toben zum anderen Ende des Platzes geführt. Ein kleiner Junge in einem weißen Hemd und mit einem großen Strohhut zog mich ganz aufgeregt an der Hand hinter sich her, drehte sich immer wieder zu mir um und sagte: »Vamos! Vamos!«, bis wir einen großen Tapeziertisch erreichten, auf dem viele Stapel Papier und Buntstifte lagen. Tanya erklärte uns, dass wir den Kindern dabei helfen könnten, Bilder davon zu malen, was sie einmal werden wollten. »Dies werden die Bilder, die eure größten und kühnsten Träume zeigen, liebe Kinder. Hier könnt ihr malen, was ihr euch wünscht, einmal zu werden, welchen Beruf ihr einmal ausüben wollt. Wonach ihr strebt. Die Bilder kommen in eine verschlossene Kiste, tief eingebuddelt unter eurer Schule. Sie werden euch von dort aus alles Glück der Welt bringen und euch stets daran erinnern, wofür ihr an euren Plätzen sitzt und lernt, warum ihr eure Hausaufgaben macht. Solange die Schule steht, werden eure Bilder unter ihr vergraben sein. Also gebt euch Mühe beim Malen und überlegt ganz genau, was ihr euch wünscht!«, rief eine zukünftige Lehrerin den Kindern zu und übersetzte es Satz für Satz für Tanya auf Spanisch, die es wiederum auf Englisch an uns weitergab.

Ich fing an, um den Tisch herumzulaufen, hier und da künstlerisch bei Bildern von Feuerwehrmännern, Polizisten, Lehrern oder Ärzten zu assistierten, und freute mich darüber, in welch großen Dimensionen alle

Beim Ausheben des Lochs habe ich noch keinen Schimmer, was uns gleich erwartet und wie sehr dieser Moment mein Leben beeinflussen wird.

Kinder träumten. Etwas später wurde, mit einem Gong und von tobendem Beifall begleitet, Bild für Bild in eine bunt bemalte Holzkiste gelegt, und nun war es an uns, mit Schaufeln und Spitzhacken Löcher im trockenen Boden auszuheben. Während das ganze Dorf aufgeregt um uns herumstand, klatschte und tanzte, wechselten Max und ich uns mit dem Spaten ab und gruben zusammen mit unseren Mitreisenden eine Grube. Erst als mir der Schweiß die Stirn herunterlief und das Loch in der Erde so tief wurde, dass wir hätten hineinsteigen müssen, um weitergraben zu können, ertönte wieder der Gong, und mehrere Kinder ließen gemeinsam die Holzkiste in das Loch hinab. Diesmal war es an uns, zu klatschen und uns den inzwischen unter Freudentränen singenden Eltern anzuschließen. Max und ich grinsten einander an, als wir wie wild applaudierten, pfiffen und mit den Dorfbewohnern feierten. »Was für ein unglaublicher Tag! Das werde ich nie vergessen«, ging es mir dabei die ganze Zeit durch den Kopf.

Leidenschaft findet sich oft unerwartet: Wie wir eine Grundschule für Hunderte Kinder eröffneten

Nachdem wir alle ein paar Minuten lang euphorisch jubelnd und tanzend die Kinder dabei angefeuert hatten, die Holztruhe mit Erde zu bedecken, trat Tanya ein paar Schritte zur Seite und stellte sich neben ein hölzernes Gestell mit einem gelben Stoffumhang, der offenbar etwas verdeckte. Während ich mich noch wunderte, wie ich dies hatte übersehen können, räusperte sie sich laut in ein Mikrofon, und die Menge verstummte und wandte sich ihr zu. »Jetzt wird sie wohl offiziell noch einmal bekannt geben, dass das Dorf eine neue Grundschule bekommt. Schade eigentlich, dass die Überraschung nicht geglückt ist«, dachte ich. Aber anstatt ihr Wort an die paar Hundert Dorfbewohner vor ihr zu richten, drehte Tanya sich um, zeigte auf uns und sagte: »Max, Nono, würdet ihr bitte einmal zu mir kommen?« Erst als sich alle Köpfe in unsere Richtung drehten und Lewis mir zusätzlich noch bestärkend zunickte, verstand ich, was von uns verlangt wurde. Max, der wohl etwas schneller von Begriff gewesen war, lehnte bereits links neben Tanya, und so tat ich die paar nötigen Schritte, um mich an deren Seite zu stellen. »Ihr zwei seid nur mit der Kraft eurer Beine um die ganze Welt gefahren, obwohl ihr Fahrradfahren nie wirklich leiden konntet, habt Gefahren auf euch genommen und viel riskiert, um heute hier bei uns zu sein. Ich könnte mir keine größeren Unterstützer für die Mission von *Pencils of Promise*, jedem Kind das Recht auf Bildung zu gewähren, vorstellen. Deshalb wünsche ich mir von ganzem Herzen, dass ihr heute diesen Vorhang lüftet und allen hier Anwesenden vorlest, was darunter geschrieben steht«, sagte sie und positionierte uns rechts und links neben der Tafel. Einer ihrer Kollegen übersetzte derweil alles, was sie gesagt hatte, ins Spanische. Dann wies sie uns an, auf den Countdown zu achten und bei null den Vorhang an unserer jeweiligen Seite beiseitezuziehen. Dann durften wir also das Geheimnis lüften, freute ich mich und riss den Vorhang feierlich zur Seite, als das ganze Dorf im Einklang *Cero,* das spanische Wort für null, rief. Ich las laut vor. Erst dann verstand ich, wer heute eigentlich überrascht werden sollte. Auf der Tafel stand in Englisch geschrieben:

> *»Diese Schule wurde von Nono, Maximilian und*
> *der Biking Borders Community ermöglicht und ist all jenen gewidmet,*
> *die Träume über Bequemlichkeit stellen.«*

»Schaut euch gut um, Nono und Max. Jedes Mädchen, jeder Junge, jedes einzelne dieser Kinder wird wegen euch zur Schule gehen können. All diese Träume, bei denen ihr geholfen habt, sie zu malen und einzugraben, können nun in Erfüllung gehen. Das ist die zweite Schule, die mithilfe des von euch gesammelten Geldes erbaut werden wird. Die erste steht ja bereits, wie ihr wisst, aber wir wollten es uns nicht nehmen lassen, einen dieser besonderen Momente mit euch zu teilen und euch

Die Schule ist alle jenen gewidmet,
die ihre Träume über ihre Komfortzone
stellen – genau wie dieses Buch.

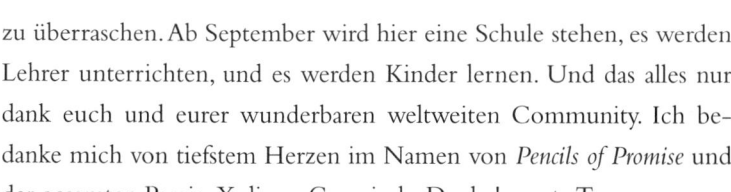

zu überraschen. Ab September wird hier eine Schule stehen, es werden Lehrer unterrichten, und es werden Kinder lernen. Und das alles nur dank euch und eurer wunderbaren weltweiten Community. Ich bedanke mich von tiefstem Herzen im Namen von *Pencils of Promise* und der gesamten Paraje-Xoljcoc-Gemeinde. Danke!«, sagte Tanya.

Ich stand einfach nur wie vom Donner gerührt da, und obwohl ich nicht zu Max hinüberschaute, wusste ich, dass es ihm genauso ging. Ich konnte nicht einmal annähernd begreifen, was gerade alles passierte. Es war wie in einem dieser sich sehr real anfühlenden Träume, aus denen man am liebsten nicht mehr aufwachen möchte. Dutzende Kinder kamen nacheinander angelaufen, um uns mit ihren kleinen Ärmchen Dankesumarmungen zu schenken. Lewis, von dem ich niemals gedacht hätte, ihn irgendwann einmal zu treffen, stand applaudierend direkt neben mir, und das alles geschah auf dem Fundament einer Schule, die dank unseres Spendenmarathons erbaut werden würde. »Wir haben es geschafft!«, sagte ich unter Freudentränen zu Max, und wir standen einfach nur einen langen Augenblick so da und nahmen uns in den Arm.

Ein paar Stunden später waren wir zurück in unserer Unterkunft, und ich lag völlig erschöpft mit meinem iPhone in den Händen auf dem Bett. Noch auf dem Rückweg hatte ich die Fotos vom heutigen Tag auf Instagram gepostet, um die Menschen auch jetzt noch über unsere Reise auf dem Laufenden zu halten und ihnen zu zeigen, wofür sie die letzten Monate gespendet hatten. Daraufhin hatten uns unzählige Menschen aus aller Welt in sämtlichen Sprachen geschrieben und gratuliert.

Nun scrollte ich gerade das erste Mal durch die Tausenden Kommentare und Nachrichten und las diejenigen, die mich am meisten bewegten, laut vor, damit Max, der am anderen Zimmerende in seiner Reisetasche herumwühlte, sie auch hören konnte. Besonders im Gedächtnis blieben mir die Kommentare von Marilena, die schrieb: »Ihr seid der beste Beweis dafür, dass es sich lohnt, aus seiner Komfortzone auszubrechen, um etwas zu bewegen. Danke, dass es euch gibt!«, und von Pauline, die unter das Bild postete: »Ihr inspiriert und schafft eine Veränderung, die Menschen zum Nachdenken und Umdenken bringt. Ihr habt meinen Respekt und meine Bewunderung, und ihr verdient alles Beste der Welt für euren Mut, euer Engagement und eure grenzenlose Motivation.«

Gandhi hat einmal gesagt, dass der beste Weg, sich selbst zu finden, der sei, sich im Dienst an anderen zu verlieren. Ich denke, dass da viel Wahrheit drinsteckt. Als ich damals mein Jobangebot in Amsterdam ausgeschlagen und mich stattdessen auf die Reise gemacht hatte, um den Bau dieser Schule zu ermöglichen, hatte ich mich ebenfalls dafür entschieden, meine gesamte Energie für andere einzusetzen. Obwohl ich mich nach dem Studium verlorener als je zuvor gefühlt hatte, habe ich mich nicht zwanghaft auf die Suche nach meiner persönlichen Leidenschaft gemacht, sondern sie zu mir kommen lassen, als ich am wenigsten damit gerechnet habe – nämlich beim Lesen dieser Nachrichten. In diesem Moment habe ich auf einmal verstanden, dass alles, was ich im Grunde je mit dieser Reise bezwecken wollte, darin bestand zu zeigen, dass alles möglich ist. Dass man auch in Situationen voller Unsicherheit, wie es in einem Lebensabschnitt weitergehen soll, nicht zwangsläufig das machen

Bevor wir fahren, ist es Zeit für ein Abschiedsfoto. Wenn wir das nächste Mal kommen, sind die Kinder sicher einige Klassen weiter.

muss, was von einem erwartet wird, sondern auch alles andere schaffen kann, was man will und sich vornimmt. Und dass es sich immer lohnt, dem eigenen Weg zu folgen. Dass wir mit unserer Reise genau das getan hatten, realisierte ich erst in diesem Augenblick.

Unzählige Menschen, jünger und älter, hatten uns in den letzten Monaten geschrieben, dass unsere täglichen Updates der Reise sie dazu inspiriert hätten, das zu tun, was sie sich vorher nicht getraut hatten. Da sie nun mit eigenen Augen gesehen haben, wie zwei Studenten ohne den Hauch einer Ahnung von dem, was sie da eigentlich gerade tun, einfach so mit dem Fahrrad durch die ganze Welt fahren konnten, glaubten sie nun auch daran, in der Lage zu sein, ihren eigenen Träumen nachzugehen. Da war zum Beispiel Tom, der schrieb, dass er nun endlich den schon längst überfälligen Entschluss gefasst habe, sein BWL-Studium aufzugeben, um doch noch Lehrer zu werden. Im Grunde hatte er schon lange gewusst, dass dies eigentlich der richtige Weg für ihn wäre, aber da er schon zwei Semester studiert hatte, konnte er sich nicht zu einem Neubeginn durchringen. Und da war Lisa, die sich jetzt getraut hatte, auf eigene Faust einen Backpacking-Trip zu unternehmen. Eine Sache, die sie schon so lange vorgehabt hatte, aber die für sie immer mit zu viel Angst besetzt gewesen war. Oder Lucy, die sich mit einer E-Mail meldete, um sich dafür zu bedanken, dass sie durch uns den Schritt in die Selbstständigkeit gewagt hatte. »Schlimmer als bei euch kann es ja eh nicht werden, habe ich mir immer gesagt, und dann habe ich es einfach gemacht«, meinte sie. Es waren all diese Nachrichten von Leuten, die durch unsere Reise den Mut fanden, den für sie richtigen Weg einzuschlagen, die mich mehr Sinnhaftigkeit als jemals zuvor verspüren ließen. Mit dieser Aufgabe, Menschen dazu zu bringen, an sich selbst zu glauben, hatte ich meine Leidenschaft gefunden, und das, obwohl oder vielleicht gerade weil ich nie danach gesucht habe.

An alle,
die wie verrückt
suchen –

... nach ihrer Leidenschaft, ihrer Bestimmung oder ihrem Sinn. An all jene, die oft zu viel nachdenken, anstatt einfach mal etwas zu machen. Und an diejenigen, die immer wieder probieren, ihrem Leben einen Zeitplan aufzudrücken: *Dein Leben passiert in deiner individuellen Zeit.* Du bist nicht zu alt, du bist nicht zu jung. Du bist genau da, wo du gerade sein solltest, und wenn du darauf vertraust, dann findest du meist ganz unerwartet – ohne danach Ausschau zu halten – das, wonach du suchst.

Ich glaube, anstatt uns Druck zu machen, etwas zu finden, ist es viel sinnvoller, sich zu überlegen, wo die eigenen Fähigkeiten am ehesten gebraucht werden. Wo wir uns am besten einbringen können und wie wir den meisten Menschen helfen können. Wenn wir das herausfinden, dann liegt darin meistens die Antwort auf jede andere Frage.

12. Lektion

Magic of
Discomfort

In einer Welt, die sich so rasant verändert wie unsere, besteht das allergrößte Risiko darin, gar nicht erst eines einzugehen, sondern lieber auf Sicherheit und Bequemlichkeit statt auf Veränderung zu setzen. Wer aber etwas verändern, etwas Neues ausprobieren und seinen eigenen Weg gehen will, der wird immer wieder schwierige, unkomfortable Dinge tun müssen. Denn nur wenn wir tun, was wir vorher noch nicht getan haben, können wir erreichen, was wir bisher noch nicht erreicht haben. Und auch erst dann können wir Sachen über uns lernen, die wir vorher noch nicht gewusst haben. Oder um es mit den Worten von Henry Ford zu sagen: »Wer immer tut, was er schon kann, bleibt immer das, was er schon ist.« Für mich ist der Unterschied zwischen dem Menschen, der am 2. September 2018 in Berlin losgefahren ist, und dem, der 267 Tage später zurückkam, Beweis genug, wie viel Wahrheit in diesem Satz von Mr. Ford steckt.

Die Grenzen im Kopf überwinden: Resümee einer Reise

Noch am selben Abend, an dem ich auf meinem Bett in der Unterkunft in Guatemala gelegen und die Kommentare vorgelesen hatte, verabschiedeten Max und ich uns von den anderen Mitreisenden des *Purpose Councils*. Ich dankte Lewis noch einmal für all seine Podcast-Episoden, die mir so oft geholfen hatten, und versprach Tanya direkt, bei einem

Wir bekommen regelmäßig Updates
aus Guatemala. Beide Schulen,
die durch die Reise ermöglicht wurden,
sind in vollem Betrieb.

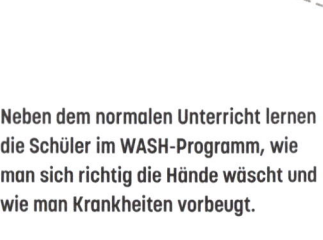

Neben dem normalen Unterricht lernen die Schüler im WASH-Programm, wie man sich richtig die Hände wäscht und wie man Krankheiten vorbeugt.

nächsten Trip in ein anderes Projektland auch wieder dabei zu sein. »Danke für alles, was ihr für *Pencils of Promise*, und vor allem, was ihr für die Kinder hier getan habt! Durch eure Hilfe sind es bald nicht mehr nur aufgemalte Träume in einer Kiste, sondern viele davon werden in Erfüllung gehen. In ein paar Jahren wird es Hunderte von jungen Erwachsenen geben, die das werden können, was sie wollen. Es wird Feuerwehrmänner, Lehrer und Polizisten geben. Was auch immer ihr Traum ist, jetzt haben sie eine Chance, dass er in Erfüllung gehen kann. Und damit habt ihr ihr Leben verändert«, sagte Tanya. Dann schüttelte sie ungläubig den Kopf und fügte hinzu: »Mit einer Fahrradreise. Ich kann es immer noch nicht glauben.« Wir alle lachten, und ich antwortete auf ihre berührenden Worte: »Danke dir für die Überraschung heute. Es war wunderschön, und ich werde es nie in meinem ganzen Leben vergessen.« Wir nahmen uns noch einmal alle in den Arm und gingen dann auf unsere Zimmer, um unsere Sachen für die Abreise zu packen.

Am Tag darauf fuhren wir früh am Morgen mit einem der bunten, wackeligen Busse, die man überall auf Mittelamerikas Straßen sieht und die wegen der Vielzahl an Hühnern, welche in ihnen transportiert werden, nur *Chicken Busses* genannt werden, nach Guatemala City. Max musste schon am nächsten Morgen zurück nach Deutschland fliegen, um rechtzeitig für eine wichtige Feier wieder zu Hause zu sein. Obwohl ich erst drei Tage später abreisen würde, begleitete ich ihn, anstatt im touristischen Antigua unter vielen Menschen zu bleiben. So würde ich noch etwas Zeit für mich haben, um die letzten neun Monate Revue passieren zu lassen und über die Erkenntnisse der vergangenen Tage nachzudenken. Außerdem wollte ich in Ruhe an meinem TEDx Talk arbeiten, dessen Teilnahme ich vor einigen Wochen zugesagt hatte. Ein solcher Moment der Reflexion bot sich dafür hervorragend an.

Eigentlich war Guatemala City von Antigua keine 40 Kilometer entfernt, aber wir brauchten beinahe vier Stunden dorthin. Zwar raste der Bus in einer solchen Geschwindigkeit die enge, schlecht gepflasterte Straße entlang, dass ich vor jeder Kurve insgeheim ein kurzes Stoßgebet abschickte, aber er schien auch völlig willkürlich Leute aufzusammeln. Anstatt Fahrgäste an Bushaltestellen einsteigen zu lassen, stoppte er bei jeder Person, die am Straßenrand entlanglief und die Hand hob, um zu signalisieren, dass sie mitfahren wollte. Einmal hielt der Busfahrer sogar abrupt mitten auf einem kleinen Straßenabschnitt zwischen zwei Kurven an, legte den Rückwärtsgang ein und fuhr mehrere Meter zurück, um noch eine Frau mit einem großen Obstkorb einzusammeln. Wäre in diesem Moment ein anderer Bus um die Ecke gekommen, wäre das definitiv das Ende unserer Reise gewesen. Zum Glück aber gab es an diesem Tag so gut wie keinen Verkehr auf der Strecke, und wir konnten problemlos weiterfahren.

Während vor unseren Fenstern der grüne Dschungel vorbeizog und wir uns beide mit jeweils einem Arm an der Vorderlehne festhielten, um nicht in jeder Kurve quer durch den Bus geschleudert zu werden, fingen wir an, über Max' morgige Rückreise zu reden. Wir machten Witze darüber, wie es wohl sein würde, wenn wir uns nach so vielen Monaten des täglichen Zusammenseins voneinander verabschieden würden.

»Dann muss ich endlich, wenn ich morgens die Augen aufmache, nicht mehr als Allererstes in dein Gesicht schauen«, sagte ich grinsend.

»Was soll ich denn sagen? Ich habe so lange darauf gewartet, in meinen normalen Tagesrhythmus zurückzukehren und niemanden mehr neben mir zu haben, der immer unbedingt noch ein zweites Mittagessen will«, kam es von Max. »Oder etwas sagen zu können, ohne dass von dir ein passendes, schlaues Lebenszitat aus irgendeinem Buch oder Podcast kommt«, fügte er lachend hinzu.

In einer so langen Zeit lernt man einander ziemlich gut kennen. Tatsächlich hatten wir uns während unserer Tage auf dem Fahrrad manchmal einen Spaß daraus gemacht, anhand unserer Mimik und Gestik laut zu analysieren, was genau der andere wohl gerade dachte, nur um dann stets gemeinsam festzustellen, wie wir ins Schwarze getroffen hatten. Umso seltsamer ist es dann, wenn das tagtägliche Zusammensein von einem auf den anderen Moment endet. Wir hatten uns so sehr aneinander gewöhnt, dass wir erst am nächsten Morgen, beim Verladen des Gepäcks, wirklich begriffen, wie kurz das Ende unserer gemeinsamen Reise nun tatsächlich bevorstand.

**Rückblickend ist es fast
ein Wunder, dass uns auf dieser
Reise nichts passiert ist.**

Während wir den Karton mit dem auseinandergebauten Fahrrad vom Hostel zum parkenden Taxi trugen, sagte Max: »Verrückt, dass es jetzt wirklich so weit ist. Ich fliege nach Hause.« Und dann fügte er hinzu: »Es ist komisch. Jetzt sind wir durch die halbe Welt gefahren, haben die unvorstellbarsten Dinge erlebt und wirklich einiges geschafft, aber nun geht es mir fast so, wie du es damals in China in dem Restaurant beschrieben hast.«

»Dass du Angst hast vor dem, was nun kommt?«, fragte ich.

»Na ja, nicht wirklich Angst. Mehr Anspannung. Oder Aufregung. Oder ja, vielleicht auch etwas Angst. Ich weiß es nicht genau.«

Ich stellte die Kiste mit dem Fahrrad vor dem Kofferraum ab und sagte, zu Max gewandt: »Ich habe darüber die letzten zwei Wochen seit dem Abend im Restaurant auch noch viel nachgedacht, und ich glaube, dass

Dass wir schon im Iran das erste
Spendenziel erreicht haben – weshalb
wir uns hier voll Freude umarmen –,
verdanken wir Tausenden von euch.
Danke.

wir es gut mit unserer Situation genau heute vor einem Jahr vergleichen können, als wir kurz vor unserem Uni-Abschluss standen. Nur dass wir nun anstatt des Hörsaals den Fahrradsattel hinter uns lassen. Wie damals verabschieden wir uns auch heute von etwas, das inzwischen Gewohnheit geworden ist, und beginnen einen neuen Abschnitt. Das ist nie einfach. Das macht immer Angst und lässt einen zweifeln. Aber diese Angst existiert ja nur, wie wir inzwischen eigentlich am besten wissen sollten, in unseren Köpfen. Wie in dem Moment, als wir damals losgefahren sind. Wir haben uns so viel vorgestellt, was alles hätte passieren können. Und was ist davon im Endeffekt passiert? Nichts. So wird es auch jetzt sein. Alles, worüber wir uns Gedanken und Sorgen machen – was wir wohl, zurück in Deutschland, machen werden, ob wir einen guten Job finden, ob wir die Möglichkeit bekommen werden, den Leidenschaften nachzugehen, die wir auf der Reise entdeckt haben –, all das wird schon irgendwie funktionieren, solange wir uns einfach nicht von unseren Ängsten im Kopf kleinkriegen lassen.«

Max nickte zögerlich und meinte, dass ich wahrscheinlich recht hätte. Der Taxifahrer hupte.»Ich glaube, du musst los«, sagte ich, hievte mit Max zusammen den Karton in den Kofferraum und umarmte ihn dann zum Abschied.»Danke für diese Reise«, sagten wir fast zeitgleich. Dann stieg er ins Taxi und ließ mich am Bordstein stehen, wo ich ihm noch winkend hinterherblickte, bis sein Auto hinter der nächsten Ecke verschwunden war. Nun war es an mir, mich mit den letzten Monaten auseinanderzusetzen.

Dreams Over Comfort:
Der Weg zu einem richtig guten Leben

Bevor ich, zurück im Hostel an einem Tisch neben dem kleinen Pool sitzend, mit dem Schreiben des Textes für den bevorstehenden TED Talk begann, checkte ich noch einmal unser Instagram-Profil. Am vorherigen Tag hatte ich vor dem Schlafengehen ein Bild gepostet und in der Beschreibung angekündigt, dass unsere Reise nun offiziell beendet sei. Bisher aber hatte ich noch keine Zeit gehabt, die Reaktionen anzuschauen. Nun schien ein guter Moment dafür zu sein.

Beim Lesen kam in mir das friedvolle Gefühl auf, dass unsere Reise ein sehr rundes Ende genommen hatte. Dieser Eindruck eines guten Abschlusses rührte vor allem daher, dass es unter den Hunderten von Nachrichten drei gab, die etwas ganz Besonderes für mich waren: eine von Lewis, eine von Tess und eine von meinem alten Boss aus Amsterdam. All die Menschen, mit denen diese Reise angefangen hatte, hatten eine Nachricht hinterlassen.

Lewis, dem ich seit Jahren begeistert folgte, von dem ich niemals gedacht hätte, dass ich ihn jemals treffen würde, und der mir mit seinem Podcast im Grunde überhaupt erst die initiale Idee für die Reise gegeben hatte, schrieb: »Es war eine Riesenfreude, euch kennenzulernen und dabei zu sein, wie eure Schule eröffnet wurde! Macht weiter damit, so große Dinge auf die Beine zu stellen!« Tess, die mir vor fast einem Jahr in der Pizzeria in Amsterdam geraten hatte, noch einmal in die richtige Richtung – wie sie es nannte: von innen nach außen – zu denken, meinte: »Unglaublich, Nono! Einfach superstark. Ich kann nicht glauben, wie sich alles entwickelt hat und was aus deiner Idee entstanden ist. Was für ein unglaubliches Abenteuer das alles ist.« Und zu guter Letzt hatte mir sogar mein alter Boss eine Nachricht geschickt, in der stand:»Gut, dass du damals den Mut hattest, deinen Weg zu gehen. Ich finde, die Widmung auf der Schule mit *Dreams Over Comfort* passt sehr gut. Verlier diese Einstellung niemals und weiterhin viel Erfolg!«

Inspiriert von all den Worten saß ich am Tisch und las noch einmal die Einladung zu meinem TED Talk. Darin stand, dass ich vor etwa tausend Zuhörern, von denen sehr viele Studierende seien, sprechen würde. Ich fragte mich, was ich diesen Menschen denn eigentlich mit auf den Weg geben wollte. Dass sie nicht unbedingt den vorgezeichneten Weg gehen müssen? Dass man jederzeit etwas ändern kann – und wenn man unzufrieden ist, auch ändern muss –, solange man sich nur wirklich ernsthaft dafür entscheidet? Dass man sich von niemandem sagen lassen sollte, was möglich oder unmöglich ist? Dass ein Neubeginn immer eine Herausforderung ist, aber dass man unbedingt weitermachen sollte – und zumindest zwei Monate lang durchhalten muss? Dass es sich lohnt, den schwierigeren Weg zu gehen, aber dass man kontinuierlich überprüfen sollte, ob man noch in die richtige Richtung unterwegs ist? Dass ein Weg nicht unbedingt besser ist, nur weil er zu mehr Geld, Status oder Ansehen führt, und dass es manchmal schwer sein kann, das zu sehen? Dass man auch, wenn man Außergewöhnliches anstrebt, doch immer wirkliches Glück im Gewöhnlichen finden wird? Oder dass es nie darum geht, ein bestimmtes Ziel zu erreichen, sondern vielmehr darum, immer etwas vor Augen zu haben, was einen weiter antreibt – wie einen eigenen Nordstern?

Ich dachte über all die Momente der Reise nach, die in meinem Kopf am gegenwärtigsten waren. Diejenigen, an die ich mich am liebsten zurückerinnerte, von denen ich am ehesten erzählte und von denen ich am meisten lernen durfte. Die Momente, zu denen ich selbst gerne noch einmal zurückgehen würde, um mir mit meinem jetzigen Wissensstand einen Ratschlag zu geben. Da war zum Beispiel das eine Mal, als wir nachts in Bosnien den Bären vor unserem Zelt hatten, der Augenblick, in dem Max' Fahrrad bei minus 28 Grad mitten im türkischen Nirgendwo kaputt ging, oder der Moment, als ich in dem turkmenischen Krankenhaus die mysteriösen Spritzen verabreicht bekam. Als ich länger darüber nachdachte, wurde mir klar, dass es aber nicht nur diese besonders bildhaften Momente waren, zu denen ich für einen Ratschlag zurückgehen würde. Es waren genauso die Entscheidung gegen den Job, der mich nicht erfüllen würde, das Ignorieren der aufkommenden Selbstzweifel, als ich den niederschmetternden Radiobeitrag hörte, oder der Umgang mit dem Gefühl der Einsamkeit in Griechenland. Die großen Augenblicke der letzten Monate waren stets diejenigen, in denen ich getan habe, was ich mir eigentlich nicht zugetraut hatte, in denen ich diese Grenzen in meinem Kopf übertreten habe. Die Momente, in denen ich – getreu der Widmung an der Pforte unserer Schule – meine Träume über meine Bequemlichkeit gestellt habe. In meinen Augen sind es diese schwierigen Augenblicke voller Widerstand, die uns begreifen lassen, wie stark wir sind und wozu wir überhaupt in der Lage sind.

Das war es also, was ich den Zuhörern – und vor allem den Studierenden – mit auf den Weg geben wollte. Diese Lektion war für mich die wichtigste, da sie gewissermaßen das Fundament für alle anderen darstellte. Alle diese anderen Dinge, die zu einem richtig guten Leben dazugehören und von denen ich beim endlosen Geradeausfahren lernen durfte, hatten mir lediglich gezeigt, dass es stets darum geht, dem eigenen Weg zu folgen. Dass wir alle im Grunde nur glücklich sein wollen und dass der einzige Weg, der dorthin führt, der ist, uns kontinuierlich

Ich habe viele Dinge auf dieser Reise gelernt, aber wie man problemlos einen Reifen wechselt, gehört nicht dazu. Selbst nach über 15 000 Kilometern nicht.

zu verändern, um uns immer wieder neuen Herausforderungen stellen zu können. Da nun aber Veränderung stets bedeutet, diese gesamte Reise mit all ihren Lektionen wieder von vorn zu beginnen – von der Entscheidung über den ersten Schritt bis hin zur vermeintlichen Ankunft –, müssen wir auch lernen, in unkomfortablen Situationen etwas Besänftigendes zu finden. Für mich bedeutet das, zufrieden damit zu sein, wo ich aktuell stehe, während ich gleichzeitig alles dafür gebe, dort hinzukommen, wo ich mir erträume zu sein. Das ist für mich die Definition eines richtig guten Lebens. Wenn ich das nicht bin – wenn ich entweder nicht zufrieden im Jetzt bin oder aber nach nichts anderem mehr strebe –, dann suche ich mein Glück entweder zu sehr in der Zukunft oder werde zu träge und verharre gemütlich in der Gegenwart.

Und genau das gab ich dann einen Monat später, zurück zu Hause, auch all diesen Zuhörern – den Studierenden und all den anderen – mit auf den Weg, als ich meinen TED Talk mit diesen Worten begann:

»I have a dream that we as humans believe in ourselves. That we leave our comfort zones behind to chase what we truly want. And this is the very essence of my dream: that more of us leave our comfort zones …«

An alle, die sich immer noch fragen …

… was denn nun eigentlich ein richtig gutes Leben ist. An all die, die manchmal das Gefühl haben, mit der Welt nicht mithalten zu können, da diese sich zu schnell verändert, um hinterherzukommen. Und an diejenigen, die noch nicht wissen, was sie überhaupt mit ihrem Leben anfangen wollen, die aber auch nicht den Mut aufbringen, es wirklich herauszufinden: *Fang an, Dinge zu tun, die du noch nie versucht hast, um Sachen über dich zu lernen, die du noch nicht gewusst hast.*

Dass diese neuen, unbekannten Dinge dir Angst machen und dass du dich nicht danach fühlen wirst, sie zu tun, wird immer so sein. Aber was ist die Alternative? Deine Träume hintanzustellen, weil du kein Risiko eingehen willst und keine Fehler machen möchtest? Immer, wenn du über deinen Weg nachdenkst, zu fühlen, dass du eigentlich noch mehr könntest, wenn du nur etwas hättest, wofür es sich lohnen würde, alles zu geben? Mit der Gewissheit zu leben, dass du irgendwann bereuen wirst, dich nicht auf die Suche nach dem zu dir passendsten Lebensweg gemacht zu haben?

… und mit diesen Worten endete:

»*I realized that my dream was never to build a school. It is to make other people believe in themselves. It is to inspire and to help. It is to make other dreams possible. Back in Guatemala, I promised myself that I will continue doing so. I will always put my dreams over my comfort. I will dream for us rather than I will dream for me. And I will inspire people to leave their comfort zones … I will just not do it on a bicycle anymore.*«

Und das ist der Grund, warum ich dieses Buch geschrieben habe.

Viktor Frankl, der Psychologe, der das Konzentrationslager Auschwitz überlebte, sagte einst, dass es nicht an uns ist zu fragen, was der Sinn des Lebens sei. Vielmehr sind es wir, denen die Frage gestellt wird, und auf die wir mit unserem Leben antworten. Ähnlich sehe ich es bei der Frage, was ein richtig gutes Leben für einen persönlich ausmacht: Wir sollten uns weniger mit der Frage an sich beschäftigen, sondern vielmehr immer wieder neue Dinge ausprobieren, die eine Antwort auf die Frage sein könnten. Du weißt nie, was aus der Entscheidung, etwas zumindest zu versuchen, entstehen kann. Die einfache Schnapsidee, blauäugig mit dem Fahrrad loszufahren, hat mein Leben verändert. Aus dieser Idee sind in kurzer Zeit über 100 000 Euro an Spenden, zwei Grundschulen, eine Netflix-Dokumentation über unsere Reise, ein Podcast und nun dieses Buch hervorgegangen.

Was mag wohl aus deiner Entscheidung hervorgehen? Ich freue mich, davon zu hören!

Anhang

Danksagung

Neben den zu Beginn genannten Menschen, die mir vor, während und nach der Reise von Berlin nach Peking geholfen haben und denen ich sehr dankbar bin, möchte ich hier noch explizit denen danken, die bei der Erstellung dieses Buches mitgeholfen haben. Die Liste ist natürlich sehr lang, und ich werde hier nicht jeden Menschen nennen können, der mich auf diesem Weg unterstützt hat, aber wenn ihr gemeint seid, dann wisst ihr es mit Sicherheit ohnehin. Danke.

Danke für eure Hilfe bei diesem Buch:

Dominik Bloh für deine Unterstützung von der ersten Stunde an und deine hilfreichen Worte und richtungsweisende Kritik,

Lars Amend für das Teilen von Tipps und Tricks für einen komplett ahnungslosen Erstautor wie mich,

Greta Silver für die ehrlichen Worte gleich zu Beginn des Schreibprozesses,

André Schürrle für so viel ehrlichen Austausch und deine Gedanken zu all den angesprochenen Themen,

Oscar Minyo für die legendären Fotos (unter anderem das Buchcover) aus dem Iran, die in diesem Buch zu finden sind,

Stojan Stojanovski für die unglaublichen Drohnenaufnahmen aus Mazedonien,

Dominik Schulz für deinen unermüdlichen Support, gute Bilder von mir zu machen (wie das Autorenbild in diesem Buch),

Tilman Winterling für die sensationelle rechtliche Betreuung,

dem gesamten Team des Kailash Verlags für den Vertrauensvorschuss, den ein jeder Erstautor braucht,

dem gesamten Podstar-Team für die damalige Möglichkeit, einen Podcast zu beginnen, der so viel zu diesem Buch beigetragen hat.

Literaturverzeichnis

Madeleine Alizadeh: Starkes weiches Herz. Wie Mut und Liebe unsere Welt verändern können; Ullstein Leben 2019

Lars Amend: It's all good. Ändere deine Perspektive und du änderst die Welt; Kailash 2019

Brené Brown: Daring Greatly. How the Courage to Be Vulnerable Transforms the Way We Live, Love, Parent, and Lead; Penguin 2013

James Clear: Atomic Habits. An Easy & Proven Way to Build Good Habits & Break Bad Ones; Random House Business 2018

Mihaly Csikszentmihalyi: Flow und Kreativität. Wie Sie Ihre Grenzen überwinden und das Unmögliche schaffen; Klett-Cotta 2018

Viktor E. Frankl: Man's Search for Meaning. The Classic Tribute to Hope from the Holocaust; Ebury Digital 2013

Ryan Holiday: The Daily Stoic: 366 Meditations on Wisdom, Perseverance, and the Art of Living. Featuring new translations of Seneca, Epictetus, and Marcus Aurelius; Profile Books 2016

Lewis Howes: The Mask of Masculinity. How Men Can Embrace Vulnerability, Create Strong Relationships, and Their Fullest Lives; Rodale Books 2017

Marie Kondo: Magic Cleaning. Wie richtiges Aufräumen Ihr Leben verändert; Rowohlt 2013

Cal Newport: Digital Minimalism. Choosing a Focused Life in a Noisy World; Penguin 2019

Mel Robbins: The 5 Second Rule. Transform your Life, Work, and Confidence with Everyday Courage; Savio Republic 2017

Robin S. Sharma: The Monk Who Sold His Ferrari. A Fable About Fulfilling Your Dreams and Reaching Your Destiny; Harper Collins Publ. UK 2009

Simon Sinek: Start with Why. How Great Leaders Inspire Everyone to Take Action; Portfolio 2011

John Strelecky: Das Café am Rande der Welt. Eine Erzählung über den Sinn des Lebens; dtv 2007

Eckhart Tolle: Jetzt! Die Kraft der Gegenwart; Kamphausen Media, 2010

Weitere Quellen und Inspirationen
für dieses Buch

Seite 13: Friedrich Nietzsche: Der Fall Wagner. Götzen-Dämmerung u. a.; Kritische Studienausgabe; hrsg. v. Giorgio Colli und Mazzino Montinari, 12. Auflage, dtv 2017

Seite 28: »School of Greatness« (Podcast), Lewis Howes, https://lewishowes.com/sogpodcast/

Seite 30: Adam Braun: The Promise of a Pencil: How an Ordinary Person Can Create; Scribner 2014

Seite 31: How great leaders inspire action (TED Talk), Simon Sinek, https://www.youtube.com/watch?v=qp0HIF3SfI4

Seite 38: Life Lessons From a 7-Thousand-Mile Bike Ride | Short Film Showcase, https://www.youtube.com/watch?v=zUTL4Op56CM

Seite 39: The secret of leaving your comfort zone (TEDx Talk), Nono Konopka, https://www.youtube.com/watch?v=DledVVpRI9o&t=1s

Seite 43: www.pencilsofpromise.org

Seite 50: »Cyclists killed« (Artikel), https://www.bbc.com/news/world-us-canada-45026752,

Seite 53: Brené Brown: Daring Greatly. How the Courage to Be Vulnerable Transforms the Way We Live, Love, Parent, and Lead; Penguin 2013

Seite 55: https://www.simplypsychology.org/asch-conformity.html

Seite 60: Robin S. Sharma: The Monk Who Sold His Ferrari. A Fable About Fulfilling Your Dreams and Reaching Your Destiny

Seite 66: https://www.glofox.com/blog/6-new-years-resolution-gym-statistics-you-need-to-know/

Seite 67: https://www.cognifit.com/de/gehirnplastizitat

Seite 89: https://www.cicero.de/kultur/wir-haben-einfach-keine-zeit-mehr/51771

Seite 140: https://de.wikipedia.org/wiki/Turkmenistan

Seite 162: https://www.nzz.ch/finanzen/macht-geld-gluecklich-und-wenn-ja-wie-lange-ld.1417687

Seite 176: https://www.youtube.com/watch?v=w7rewjFNiys

Seite 180: https://www.ted.com/talks/robert_waldinger_what_makes_a_good_life_lessons_from_the_longest_study_on_happiness#t-119786

Seite 181: Brené Brown: Daring Greatly. How the Courage to Be Vulnerable Transforms the Way We Live, Love, Parent, and Lead; Penguin 2013

Seite 188: https://www.destatis.de/DE/Themen/Gesellschaft-Umwelt/Bevoelkerung/Sterbefaelle-Lebenserwartung/inhalt.html

Seite 216: https://www.forbes.com/sites/ashoka/2012/10/02/12-great-quotes-from-gandhi-on-his-birthday/#78f338b333d8

Seite 222: https://www.welt.de/motor/article118513807/Henry-Ford-der-Mobilisierer-der-Massen.html

Seite 235: Viktor E. Frankl: Und trotzdem Ja zum Leben sagen. Ein Psychologe überlebt das Konzentrationslager; Penguin 2018

Nono Konopka im Internet

Homepage: www.nonokonopka.com

Homepage von Biking Borders: www.bikingborders.com

Instagram: www.instagram.com/nonokonopka

Podcast: Nono Yesyes (Spotify, iTunes, Podimo)

Impressum

Dieses Buch ist auch als E-Book erhältlich.

Penguin Random House Verlagsgruppe FSC® N001967

1. Auflage
Originalausgabe
© 2021 Kailash Verlag, München
in der Penguin Random House Verlagsgruppe GmbH
Neumarkter Str. 28, 81673 München

Lektorat: Dr. Nastasja S. Dresler, München
Satz: Text & Typo, Gräfelfing
Covergestaltung und Layout: ki 36, Editorial Design,
Daniela Hofner, München
Fotos: Nono Konopka; mit Ausnahme von:
Oscar Minyo: S. 18, 101, 132, 136, 233; Stojan Stojanovski:
S. 15, 82, 91; Peter Treanor/Alamy Stock Foto: S. 190;
Dominik Schulz: Autorenfoto
Druck und Bindung: Litotipografia Alcione srt., Trento
Printed in Italy
ISBN 978-3-424-63219-4

www.kailash-verlag.de

Besuchen Sie den Kailash Verlag im Netz